オルラ オルソン
マクロ経済学

訳 石山健一　加藤将貴　黒岩 直
　　中岡俊介　永冨隆司

OLA OLSSON

ESSENTIALS OF ADVANCED
MACROECONOMIC THEORY

成文堂

Cooyright©2012 Ola Olsson

All Rights Reserved.

Authorised translation from the English language edition published by
Routledge, an imprint of the Taylor & Francis Group

Japanese translation rights arranged with
TAYLOR & FRANCIS GROUP
through Japan UNI Agency, Inc., Tokyo

訳者まえがき

　本書は Ola Olsson, *Essentials of Advanced Macroeconomic Theory*, Taylor & Francis, UK の全訳である．

　著者 Ola Olsson 氏は，2000 年にスウェーデンの Gothenburg 大学で博士号を取得した新進気鋭の経済学者であり，現在は，経済成長，長期発展，天然資源の政治経済学，開発経済学を主な専門領域とする Gothenburg 大学経済学部の教授である．経済学においていくつもの著名な学術雑誌の編集にも携わっている Olsson 氏の活躍は学術教育研究活動にとどまらず，たとえば，2011 年には IGC（International Growth Centre），2010 年には World Bank，2006 年から 2014 年には AERC（African Economic Research Consortium）において役職等を務めている．こうした著者の背景を反映して，本書の内容はマクロ経済学のテキストとしてはコンパクトでありながらも，工業化以前の時代の経済成長から現代の政治経済的景気循環までを網羅する非常に充実したものとなっている．

　そもそも，経済学という学問の面白さは，現実の複雑怪奇な経済現象を直接眺めるのではなく，現実をモチーフに大胆に簡単化した架空の世界を想定し，そこでどのようなことが起こるかを考察するところにあるといわれている．そういう意味では，経済学は，独特の世界観で観客を惹きつけ，意外な結末で驚かせながらも最後には成程そういうことかと彼らを納得させる名作映画のようなものである．本書には，そうしたいくつもの面白い寓話が詰まっている．学術的な教科書として物事を正確に伝えねばならないという使命を持った本書の文体は，残念ながら小説のように読みやすいものではないが，上述の経済学の楽しみ方さえ心得ていれば，案外すんなり頭に入ってくると思われる．本書で経済学を学ぶ際には空想力が重要な役割を演じるのである．著者の意図とは異なるかもしれないが，実証分析についてほとんど触れていない本書だからこそ，こうした読み方がよく馴染むのである．

訳者まえがき

　本書が対象としているのは，主に，大学で経済学の基礎理論を学び，ある程度の経済学的な土台を持っている読者，すなわち，経済学部や政治経済学部の上級生そして経済学研究科の大学院生である．有名な他のマクロ経済学のテキストと同様，本書の内容を深く理解するには，図と数式と直観を使いこなさねばならない．もし，マクロ経済学に関連する学際的研究に興味があるならば，こうしたアプローチに元々慣れている異分野の研究者も，本書が対象とする読者となりうる．

　賢明な読者は，全体の構成を俯瞰すれば，本書が，マクロ経済学の初級テキストと上級テキストという多くの良書が存在する2つの領域の間を橋渡しする数少ない道のひとつとなっていることに気づくかもしれない．しかしながら，テキストの位置づけとしての本書の特色はそれだけではない．本書の各章の前半部分に，先人たちによって何度も何度も磨かれてきた議論が叙述されている一方で，後半部分に関しては，そこから新たな研究テーマが見つかっても不思議ではない未だ荒削りの部分も多く含まれている．この構成が，本書の対象を大学の学部生から研究者まで幅広いものにすることを可能にしているのである．

　一昔前であれば，文系の大学の役割は「大卒」という資格を与えることであったのかもしれない．しかし，グローバル化によって経済が厳しい国際競争にさらされている現在においては，複雑怪奇な経済現象を理解し，経済成長，インフレーション，失業といったマクロ経済政策の課題をどのように解決していくのかを，図や数式を用いて，あるいは，ひとびとの直観に訴えかけるようにして説明することのできる人材を世に送り出すことが大学に求められているのではないだろうか．この本で多くの経済学部の学生がマクロ経済学を勉強し，社会に役立つ人材になってくれることを切に願う．

翻訳プロジェクト（研究会）　幹事
石 山 健 一

序　文

　2011年という年にマクロ経済理論の要点をまとめることは容易なことではない．金融危機は西欧諸国を揺さぶり，マクロ経済学者を動揺させた．マクロ経済学はいまや強い批判を浴びる分野となっている．中でも市場は自動制御機能を有しているという想定，あるいは常に均衡状態にあるという想定が大きな打撃を被っているように思われる．これらの想定は，経済学ではもっとも支配的な伝統となっている動学的一般均衡理論（DGE）で強調される想定である．ただ，こうした理論が失敗といえるかどうか，あるいは今後も研究の一部を形成していくことになるのかどうか，については今のところまだ分からない．

　本書では，マクロ経済分析に対してこれまで理論的に大きな貢献をなしてきたと思われる内容について簡潔にその概要を示したいと考えている．本書は上級レベルのマクロ経済理論の主要概念を提供する意図をもって書かれているが，これらの知識はマクロ経済学を専攻する大学院修士課程の学生であれば誰しも身につけるべき基本的な内容である．ただ，前段において暗に触れたとおり，重要なマクロ経済理論をまとめるといっても，どの理論を含め，どの理論を含めないかといった線引きは非常に難しい．マクロ経済理論の中でどの理論を優先させるかは個々の学者の志向に大きく依存するし，何よりマクロ経済学を専門に教える教授たちの間でさえもその優先順位は大きく異なりうる．本書には，これまで出版されてきたマクロ経済学のテキストではあまり触れられていない理論，もしくは排除されてきた理論のいくつかが含まれている．もちろん，本書の選択が適切な選択であると主張しているわけではない．むしろ，それは著者である私自身の志向や関心が大きく反映しているといっていいだろう．

　本書は，他の多くのテキストと比べて，短期より長期に比重を置いている．それは，主要な学術誌に掲載されている最近の研究において長期的な問題を

扱うケースが増えてきているためである．また，経済の短期変動（景気循環）に関する理論において，今なお十分に明らかとはなっていない部分があるということも1つの理由である．本書では，他のマクロ経済学のテキストとは違って，Malthusの成長モデルに関する説明を行っている．インドや中国のような国々のマクロ経済発展やヨーロッパの歴史的な発展を理解するためには，Malthusの理論のように経済の発展過程における人口と経済成長の相互作用という点を議論する必要があるように思われる．

また，本書では，景気循環理論のような短期分析に関する章の分量を抑え気味にして，長期の成長に関する章を重点的に収めることにした．動学的一般均衡（DGE）のモデル化に関する章も設けている．ただし，DGE理論全体の詳細な検討には踏み込んでいない．拡張的な議論を行う章では，金融危機と銀行取付けに関するモデルを取り上げた．金融政策や財政政策に関する章では，政治経済的な側面や制度を重視するモデルに焦点を当てて議論している．経済学では，近年，市場の失敗や制度の不完全性に関する政治経済的な視点からの分析が活発に行われている．本書でもそれらの研究成果を取り入れた．また，消費に関する章では行動経済学における最新の研究成果も取り入れている．

標準的な上級ミクロ経済学のテキストとは異なり，本書で説明されるモデルは，様々な分野に拡張ないし応用されていくような基本的な仮定から導き出されているわけではない．といって，マクロ経済学の標準テキストに見られるような数本のカギとなる方程式のみに基づいて分析を行っていくというものでもない．近年，様々な努力が積み重ねられてきてはいるものの，マクロ経済学はミクロ経済学や計量経済学のように，首尾一貫した理論体系が出来上がっているとは言いがたい．動学的一般均衡理論（DGE）は確かに首尾一貫した理論的枠組みを提供する試みではあるが，最近の経済現象はそうした努力があまり適切な研究視点を提供するものにはなっていないということを示唆しているように思える[1]．

---

[1] （多くのDGEモデルがそうであるように）たとえば失業が存在しないと仮定するマクロ・モデルは，経済がどのように機能するかという点に関して何か重要なことを見落としているように思える．

とはいえ，本書のほとんどすべての章において提示される基本モデルは，広く知られている2期間の代表的個人モデルである．このモデルは，可変的な制約のもとで効用関数 $U=u(c_1)+\beta u(c_2)$ を最大化するという消費者モデルが基となっている．本書のモデルはほぼすべてミクロ経済学的な基礎づけを有しており，それぞれどの理論と結び付いているかはすぐに判明するだろう．また，典型的なKeynes型のモデルから議論を始めている章もいくつかある．それらは，個々の家計の行動に依拠したモデルとは対照的であるものの，合理的期待や異時点間最適化といった特徴を有するモデルとなっている．

本書は，他のマクロ経済学の文献と比較すると，かなりコンパクトである．たいていのマクロ経済学の上級テキストは，500〜600ページにも及ぶ大部であり，そこには経済理論に加えてややランダムに選ばれた実証分析の応用例も織り込まれている．本書はそうしたテキストの半分以下のページ数であるが，現代のマクロ経済学の理論に関しては主たる参考文献となるであろう．また，主要な経済理論をざっと俯瞰したいと考える読者に対して理論の枢要部分を簡潔に伝えたいと考えている．モデルの背後にある直観的な知識に焦点を当てたいと考える読者は，ぜひ基となる学術論文や他の包括的なマクロ経済学のテキストも合わせて読んでもらいたい．

本書では，理論に関する実証分析の応用例については議論していない．それは，本書をコンパクトな書にしたかったという理由からだけではなく，著者である私自身が次のような印象を持っているからである．それは，何をもっとも良好な実証分析の結果と考えるかといったことよりも，実際上，何が最も重要なモデルであるかといったことの方が研究者の間で同意が得られやすいという印象である．理論というのは実証分析の結果が蓄積されていくスピードよりもゆっくりと変化していくものである．もちろん本書で紹介された理論に関する実証分析の応用例が掲載されている他の文献と一緒に読んでいただけたら理想的である．

本書は，マクロ経済学に関する学部上級コースならびに半期の大学院修士課程のコースに適している．いくつかの章や節は専攻を異にする学部生や大学院生にとってもマクロ経済学の入門として役に立つであろう．読者は多少

とも微積分や代数に馴染んでいる方が望ましい．また，ミクロ経済学やマクロ経済学の基礎的な知識は前提としている．

　本書は，Gothenburg 大学で行った上級マクロ経済学の講義から生まれた．恩師ならびに草稿段階からたくさんのコメントをしてくれたもっとも熱心な批評者である Wlodek Bursztyn には特別な感謝を申し上げたい（もちろん意見の一致が得られなかった点もいくつかあるが……）．また，マクロ経済理論全般について Heather Congdon Fors や Per Krusell と交わした議論から非常に有益な示唆を得た．Oded Galor, Halvor Mehlum, Bo Sandelin, Joachim Smend, Olof Johansson-Stenman, David Weil，そして3名の匿名のレフェリーからもいくつかの章についてコメントや有益な示唆を頂戴した．また，数名の学生からは草稿段階からコメントをしてもらい，ミスも指摘してもらった．数学付録は，Elias Tsakas に準備してもらった原稿を修正して掲載した．最後に，Routledge の Rob Langham とは現在も議論を続けているが，彼にはとても感謝している．彼は，私に本書を執筆するよう促してくれた．読者からも本書の改善につながるような指摘や示唆を頂戴できたら幸いである．

Ola Olsson

目　次

訳者まえがき	i
序　文	iii
第1章　イントロダクション	1
1.1　マクロ経済学の諸問題	1
1.2　国民所得勘定の三面等価	2
1.3　本書の構成	4

第1部　長　期 (*The Long Run*)

第2章　Malthus 的な世界	8
2.1　はじめに	8
2.2　収穫逓減の法則	8
2.3　Malthus の罠	11
2.4　内生的出生率	15
2.5　Malthus 的連関性の喪失	18
第3章　Solow 成長モデル	25
3.1　はじめに	25
3.2　Solow モデルの基本的仮定	26
3.3　Solow モデルの動学	28
3.4　Solow モデルの均衡	30
3.5　Solow モデルから引き出される含意	31
3.6　Solow モデルの拡張	36
第4章　内生的成長理論	42
4.1　はじめに	42
4.2　*AK* モデル	42
4.3　内生的技術変化	44
4.4　Romer モデル	50
4.5　Schumpeter 型の成長モデル	58
4.6　技術革新か模倣かの選択	60
第5章　世代重複モデル	62
5.1　家計の最適化行動	62
5.2　内生的貯蓄	70
5.3　内生的成長	74

第2部　短期・中期 (*The Short and Medium Run*)

第6章　均衡景気循環	78
6.1　生産に対する技術的ショック	78
6.2　労働需要	80
6.3　家　計	82
第7章　金融危機	85

7.1	銀行取付けモデルの基本的仮定	86
7.2	銀行	87
7.3	銀行取付け均衡	91
7.4	海外信用	93
7.5	短期の借入	94
7.6	国際信用市場の自由化	95

第8章 消費と貯蓄　97

- 8.1 Keynes 型消費関数　97
- 8.2 Friedman による批判　98
- 8.3 恒常所得仮説　99
- 8.4 簡易版 PIH モデル　101
- 8.5 ランダムウォーク・モデル　106
- 8.6 予備的貯蓄　110
- 8.7 利子率と時間割引率　112
- 8.8 相対的消費　114
- 8.9 時間非整合性　116

第9章 投資と資産市場　118

- 9.1 Keynes 型投資関数　118
- 9.2 企業の投資決定　119
- 9.3 調整費用　123
- 9.4 住宅市場　126

第10章 失業と労働市場　130

- 10.1 労働市場の不均衡　130
- 10.2 効率賃金　132
- 10.3 Shapiro-Stiglitz モデル　134
- 10.4 インサイダー・アウトサイダー・モデル　139
- 10.5 サーチ・マッチング・モデル　141

第3部 マクロ経済政策 (*Macroeconomic Policy*)

第11章 IS-MP，総需要，総供給　148

- 11.1 総支出と乗数　148
- 11.2 IS-MP モデル　150
- 11.3 総需要　154
- 11.4 総供給　156
- 11.5 金融仲介機関　161
- 11.6 New Keynesian モデル　166

第12章 財政と財政政策　168

- 12.1 政府予算の恒等式　168
- 12.2 Ricardo 等価定理　169
- 12.3 課税平準化　171
- 12.4 政府債務の政治経済学　173
- 12.5 負債による資金調達と債務免除　177

第13章 インフレーションと金融政策　184

- 13.1 貨幣数量説　185

	13.2 インフレーションと貨幣市場	185
	13.3 金融政策の時間非整合性	186
	13.4 政治的景気循環	194
	13.5 Taylor ルール	199
	13.6 シニョレッジ	201
第14章	開放経済	204
	14.1 開放経済の勘定	204
	14.2 代表的個人のフレームワーク	207
	14.3 Mundell-Fleming モデル	211
	14.4 為替レートのオーバーシューティング	216
	14.5 通貨統合	217
第15章	数学付録	219
	15.1 はじめに	219
	15.2 いくつかの基本的な関数の導関数	219
	15.3 微分の法則（*Differentiation rules*）	221
	15.4 チェーン・ルールによる微分（*Chain differentiation*）	223
	15.5 陰関数の微分（*Implicit function differentiation*）	224
	15.6 マクロ経済学への応用	225
	15.7 指数および対数の基本的な性質	226

参考文献 ... 228
訳者あとがき ... 232
事項索引 ... 236
訳者紹介 ... 243

第1章 イントロダクション

1.1 マクロ経済学の諸問題

　マクロ経済学は，一国の経済を総体として研究する学問である．マクロ経済学では，個人や企業の経済的な意思決定が市場を通じて経済全体にどのように反映されるかを理解しようとする．マクロ経済分析に関連する変数には，たとえば国内総生産の水準やその変化，投資水準，政府債務，インフレーション，失業，などがある．

　マクロ経済は個人に対して直接的にも間接的にも影響を与える．現代の経済では，すべての人々が多少なりとも，たとえば所得税の制約を受けており，銀行の利子率にも影響され，また政府から何らかの補助金を受け取っている．それに加え，人々は物価水準によって実質的な価値が変動する家計の予算(家計簿)も管理しなければならない．

　マクロ経済学は，最終的な被説明変数が異なるという理由でミクロ経済学とは区別される．ミクロ経済学は，個々の経済主体の選択を理解するという目的で個人や企業の行動を研究する．マクロ経済学も効用や利潤を最大化する「代表的(representative)」な個人や企業をモデル化することから研究を始めるが，最終的な被説明変数は国民総所得水準である．

　マクロ経済変数は，国の政治にとって中心的な関心事である．西側諸国においては下記のような諸問題が，多かれ少なかれ総選挙(選挙期間中)において議論される．

・失業問題を解決するためにはどのような政策が最も効果的か，また政府や中央銀行はインフレーションに対して如何に立ち向かえばよいか．

- 経済成長を促進するためにはどのようなことができるか．

- 政府は短期的な経済変動や景気循環をどのように安定化させたらよいか．

- 持続可能な政府債務の水準とはどの程度か．

市場が錯綜する世界経済では，マクロ経済学は国際政治の舞台でも中心的なテーマである．異なる通貨間の為替レートの決定問題が国際的な経済政策形成の場において繰り返し問題となっている．経常収支の水準，貿易収支の黒字・赤字といった問題も国際関係に重要な影響を与えている．つまるところ，今やマクロ経済学は経済政策や経済発展に関心を持つすべての人たちにとって最も重要な学問分野となっている．

1.2 国民所得勘定の三面等価

マクロ経済学の土台は，国民所得勘定の三面等価である．これは，一国の国内総生産(GDP)を表している．国内総生産(GDP)を Y_t とする．これは，1年という期間において一国で生産された最終財やサービスの価値の総額を測った指標である[1]．GDPは，フロー(*flow*)変数の一例である．フロー変数というのは，単位時間あたりで測定される変数のことである．他方，資本ストックや累積公的債務のようにストック(*stock*)変数と呼ばれる別の種類の変数もある．ストック変数は，任意の時点で測定される変数である．ストック変数については後の章で触れることにする．

GDPは3つの方法で計算することができる．ただし，3つともすべて同じ値となる．GDPはもっぱら使用者サイド(*user side*)から研究が行われる．それは，GDPが一体何に使われたかを示している．支出面(*expenditure approach*)から見たGDPは，次式のように表わされる．

---

[1] GDPには中間段階における財やサービスの生産物は含まれていない．闇市場における生産物についても同様である．ヘルスケアのような公共サービスの市場価値は，国民所得勘定では不完全にしか計上されていない．

$$Y_t = C_t + I_t + G_t + X_t - M_t \tag{1.1}$$

このマクロ経済学の基本方程式において，Y_tは先ほど述べたとおりt期におけるGDP，C_tは民間消費総額，I_tは投資総額，G_tは財やサービスに対する政府支出，X_tは他国への輸出総額，そしてM_tは輸入総額を表している．これらの変数はすべてフロー変数である．

GDPを構成する各要素について，もう少し詳しく見てみることにしよう．民間消費総額C_tは最大の支出項目であり，たいていGDP全体の半分を占めている．C_tには，1年間に個人が消費した耐久財と非耐久財(ともにサービスを含む)への支出が含まれている[2]．I_tを厳密に定義すると，それは1年間に行われた「国内民間総投資支出(*gross domestic private investment*)」である．投資は，典型的には機械や工場といった将来的に生産要素として使用される耐久財(耐用年数が1年以上)の取得と定義される．総投資はさらに国内非居住者による投資，国内居住者による投資，そして事業在庫の変化分の3つに分類される．

財やサービスに対する政府支出G_tには，政府による消費(教師や裁判官に対する給与など)と政府による投資(たとえば公共施設)の両方が含まれる．また，G_tにはすべてのレベルの政府(国，州，市など)の支出が含まれる．輸出X_tは，国内で生産された財やサービスのうち外国の人々に対して売却されたものの総額を表す．同様に，輸入M_tは外国で生産された財やサービスのうち国内の人々が購入したものの総額を表す．

GDPの支出勘定は，国内のすべての生産要素が1年間で稼ぎ出した総所得と一致しなければならない．それゆえ，所得面(*income side*)から見たGDPは次式のように表わされる．

$$Y_t = 賃金 + レンタル収入 + 利潤 + 利子 + \cdots \tag{1.2}$$

---

[2] 個人による私的使用車の購入は直感的には投資と見なされるかもしれないが，国民所得勘定では消費項目としてカウントされる．

これらの所得は，結局は何らかの方法で家計によって管理され，前述したような支出項目に費消されることになる．

さらに，支出面から見た総価値と所得面から見た総価値は1年間で生産された付加価値の総額とも一致しなければならない．国民所得勘定の生産面 (*production side*) から見た GDP は次式のように表わされる．

$$Y_t = 農業 + \cdots + 製造業 + \cdots + 事業サービス + \cdots \tag{1.3}$$

(1.3) 式を見ると，社会のあらゆる部門の生産(価値)総額が足し合わされていることがわかる．

ユーザー・サイドから見た GDP の式である (1.1) 式は，マクロ経済理論の土台であり，出発点となるものである．この式から様々な分析が導かれ，また様々な方向へと研究が拡張されていくことになる．(1.1) 式はまた次の本書の構成で示される各章の導入としても役に立つであろう．

1.3 本書の構成

本書の各章の構成は，次の通りである．まず，経済成長に関する長期の GDP の決定から議論を始める．第2章では Malthus の経済成長モデルについて，第3章では新古典派 (*Solow*) 成長モデルとその拡張について，そして第4章では技術進歩が重要な役割を演じる内生的経済成長モデルについて，それぞれ議論する．第5章では，世代重複モデルについて議論する．このモデルは性質からして長期的な視点を持っており，その後の諸章においても用いられる．

長期分析の後，今度は短期と中期のマクロ経済理論について議論する．第6章では，およそ5年程度の景気循環過程における GDP とその構成要素の動きに関するモデルを研究する．第7章では，資本主義諸国において繰り返し起こっている金融危機と銀行取付けについて議論する．その後，GDP の支出サイドを構成する各要素について分析を行う．すなわち，第8章では消費(貯蓄)，第9章では投資と資産市場，第10章ではマクロ経済を理解するため

に重要な市場の1つである労働市場について，それぞれ議論する．

　本書の第3部では，マクロ経済政策に関する様々な話題について議論する．まず第11章では，伝統的な IS-MP モデルや総供給-総需要モデルについて，さらに合理的期待や new Keynesian によって改良されたモデルについて紹介する．その後，第12章では財政と財政政策について，第13章ではインフレーションと金融政策について，それぞれ議論する．最後に第14章では，経済政策の国際的な側面について議論する．

　本書を通じて用いられる基本的な数学の手法については，第15章の数学付録で与えられる．

第1部
長　期

The Long Run

第2章 Malthus的な世界

2.1 はじめに

　本章では，長期の経済成長モデルを取り上げる．このモデルは，産業革命期までのすべての国家に対して適用可能であるとともに，現在においても一部の開発途上国に対して妥当性の高いモデルである．「Malthus的な世界 (*Malthusian world*)」では，1人当たりの所得と人口増加との間には強い連関性がある．それは，社会において総所得を増やすいかなる要因も，人口規模の増加によって相殺されてしまう，ということである．たとえ急激に技術が進歩する期間があったとしても，1人当たりの所得はほとんど変化しない．歴史的データに基づく近年の実証研究によると，紀元前1500年ころのアッシリア，ローマ統治下のエジプト，18世紀末のイングランドの生活水準はほぼ同じであったという結果が示されている (Clark 2007)．本章では，経済史の研究手法に基づいて得られた知見も踏まえて議論を行う．

　本章のモデルの主な考え方は，Malthus (1798) によって提示されたが，生産諸要素に対する収穫逓減の原理やDavid Ricardoがさらに発展させた理論も重要な要素となっている．以下の節では，収穫逓減の理論について簡潔に説明したのち，長期的な経済停滞に関するMalthusモデル，そしてこのMalthus的連関性が喪失するに至った理由について議論する．また，代表的家計モデルにおいて出生率がいかに内生的に決定されるかについても議論する．

2.2 収穫逓減の法則

　経済学においてもっとも基本的な要素の1つは，収穫逓減の原理である．

シャツの生産を例にして考えてみよう．機械のストックは一定と仮定する．このとき労働者の労働時間を 1 単位ずつ増加させると，追加的に生産されるシャツの量は徐々に減少する．これが生産理論における収穫逓減の意味である．なぜそうなるのだろうか．それは，シャツを製造するためには縫製機械が必要となるが，労働者の数の増加に対して使う機械の数が一定であれば，遂には混雑現象が生じてしまうからである．労働や他の生産要素に対するこうした収穫逓減という性質は，1 つの工場においてのみならず，一国の経済全体においても同様に見られる性質である．

　この原理について，数学的手法を用いてより明確に示そう．すべての成長モデルが共有する基本的な仮定は，経済の総生産量（GDP）が総生産関数（*aggregate production function*）によって表すことができるということである．工業化以前の時代（今日でも最貧開発途上国の一部では当てはまる）において，もっとも重要な生産要素は土地と労働力であった．経済における総労働者数を L，利用可能な土地の総量を X とする．簡単化のため，ある国の労働力規模は総人口規模に等しいと仮定する．また，土地 X の供給は一定とする．ただし，人口水準については以下で示されるように，生産量，出生率，そして死亡率の変化によって増減すると仮定する．

　経済全体の総生産量を記述する総生産関数は，次式のように与えられる．

$$Y = AX^\alpha L^{1-\alpha} \tag{2.1}$$

ここで，Y は総生産量，A は技術のシフト・パラメータ，X は一定の土地面積，そして L は人口ないし労働力の規模を表す．ここで示された生産関数は，Cobb-Douglas 型生産関数（*Cobb-Douglas functional form*）と呼ばれる．A は，たとえば技術的知識の状態や諸制度の質といった，その国の一般的な特質を広く捉えたパラメータと解釈することができる．パラメータ α（$0<\alpha<1$）は，形式的には土地に関する生産弾力性（*output elasticity of land*）を表している．同様に，$1-\alpha$ は労働に関する生産弾力性（*output elasticity of labor*）を表している．これらの弾力性は，それぞれの生産要素が増加した時に総生産量 Y がどれだけ変化するかを示している．

労働の限界生産物（*marginal product*）は，次式のように定義される．

$$\frac{dY}{dL} = (1-\alpha)AX^\alpha L^{-\alpha}$$
$$= (1-\alpha)A\left(\frac{X}{L}\right)^\alpha \tag{2.2}$$

限界生産物は常に正であるが，これはある国で労働者が1人増えればその人は絶えずいくばくかの生産物を生み出すということを意味している．しかし，(2.2) 式で示されるように，限界生産物は労働者が1名増加するたびに減少するであろう．なぜなら，L（労働力規模）は (2.2) 式において分母に現れるからである．形式的には，この点は2階の微分をとることで示すことができる．

$$\frac{d^2Y}{dL^2} = -\alpha(1-\alpha)AX^\alpha L^{-\alpha-1} < 0$$

ゆえに，Cobb-Douglas 型の関数形を用いた場合には，Y（総生産量）は L（労働力規模）と凹（*concave*）の関係にあることが保証される．

1労働者あたりの，ないし1人当たりの総生産量 y は，以下のように表すことができる．

$$\frac{Y}{L} = y$$
$$= \frac{AX^\alpha L^{1-\alpha}}{L}$$
$$= A\left(\frac{X}{L}\right)^\alpha$$
$$= Ax^\alpha \tag{2.3}$$

ここで，x は1人当たりの土地面積である．1人当たりの生産量は，一国の生

活水準の指標の1つとしてしばしば用いられるが,それは平均寿命,教育水準,法の支配や政治的自由などの要因と強い相関がある.1人当たりの生産量という指標は今後もしばしば用いられる.

(2.3) 式を見ると,Malthus モデルでは1人当たりの総生産量が人口の増加とともに低下するということがはっきりと分かる.一方で,労働者が1人増加すると生産量はわずかしか増えないが,総生産量の分け前に預かる人数は1人ずつ増えていく.このとき,後者による負の効果の方が支配的である.1階と2階の微分をとることで今述べたことを示すことができる.

$$\frac{dy}{dL} = -\alpha A X^\alpha L^{-\alpha-1} < 0$$

$$\frac{d^2y}{dL^2} = \alpha(1+\alpha) A X^\alpha L^{-\alpha-2} > 0$$

2.3　Malthus の罠

Malthus モデルの重要な特徴は,1人当たりの生産量と人口の成長との間に強い相関があるということである.このことを示すために,以下では人口構造を単純化して考えてみよう.つまり,t 期(現時点)の人口規模が前期の人口規模 L_{t-1} に t 期中に生まれた人数 B_t を加え,そして同期間中に死亡した人数 D_t を引いた数に等しいと考えるのである.

$$L_t = L_{t-1} + B_t(y_{t-1}) - D_t(y_{t-1}) \tag{2.4}$$

(2.4) 式の主な特徴は,B_t と D_t がともに1期前の1人当たりの生産量 y_{t-1} の関数になっているということである.出生率は y_{t-1} とともに増加する.すなわち,$B'_t(y_{t-1}) > 0$ である.一方,死亡率については,$D'_t(y_{t-1}) < 0$ である.1人当たりの生産量が増加すると食料供給が増加するため,家族の規模を拡大させることができる.同様に,人口規模を所与としたとき,生産量の拡大

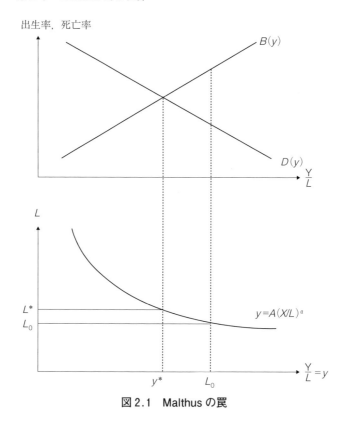

図 2.1 Malthus の罠

に伴って食料消費量も増加すると，病気で死亡する人数は減少する[1]．

図 2.1 には，出生率，死亡率，人口規模，そして 1 人当たりの生産量の相互関係が描かれている．この図では，簡単化のため，B_t および D_t はともに y の線形関数と仮定されている．図 2.1 の下段には，(2.3) 式が規定する y と L の間の負の凸関係が描かれている．この図から，1 人当たりの生産量は均衡水準（y^*）に向かって収束する傾向にあることがわかる．Malthus モデルでは，y^* を最低生活水準（subsistence level）と呼んでいる．というのは，それは人々の生存を可能とする所得水準ぎりぎりの生活水準だからである．この

---

[1] この種の関係の包括的な議論については，Clark（1997）を参照せよ．

水準で人口の成長は止まり，$L_t-L_{t-1}-B_t(y^*)+D_t(y^*)=0$ となる．

　y^* が均衡水準であることを確かめるために，初期の所得（以下では，生産量と同意に用いる）水準が比較的高い y_0 にあったとしよう．このように所得水準が高いと，たくさんの子供たちが生まれると同時に，病気で命を落とす人も少なくなる．それゆえ，人口水準は上昇する．これにより，経済は再び y^* へ戻り，1 人当たりの生産量は最低生活水準へと低下していく．

　経済が y^* の左へ落ち込むと非常に厳しい状況が生じる．そのような場合，人々は飢えに苦しみ，子供の出生率は低下し，多くの人々が病気で亡くなることになる．しかし，人口水準が低下してくると，1 人当たりの生産量は徐々に増加してくる．そして所得水準が再び y^* に戻ると，厳しい状況は解消される．

　ここで，ヨーロッパの中世において見られた風車の導入や鋤の利用といった正の技術ショックが生じた場合について考えてみよう．このようなショックは，(2.3) 式では A の増加とみなされる．これは，図では y 曲線の外側へのシフトとして描かれる（**図 2.2**，下段の図）．こうした状況は，一時的にではあるが，1 人当たりの所得を $y'>y^*$ へと増加させる．そして，こうした新しい豊かな状況はいずれ出生率の上昇と死亡率の低下へとつながる．それによって人口は増加する．しかし，人口が $L^{*,new}>L^*$ へと増加すると，1 人当たりの所得はかつての y^* の水準へと戻ってしまう．ゆえに，Malthus 的な（連関性が支配するような）時代では，1 回の正の技術ショックの結果として残るのは，以前よりも増加した人口だけである．

　既に言及したように，世界の中で農業生産が生存水準ギリギリという状況にある開発途上国の一部では未だにこうした「Malthus の罠（*Malthusian trap*）」にとらわれている．1985 年にアフリカのサヘル地域で発生したような数年にわたる干ばつを例に考えてみよう．**図 2.2** を使って考えてみると，これは A に対して負のショックが生じた場合と類似している．y 曲線は左方へとシフトし，所得水準は生存水準以下に落ち込む．人口の増減を自然の成り行きに任せていると飢饉が発生し，人々は飢え死にすることになる．しかし，Malthus の論理にしたがえば，飢餓により 1 人当たりの所得は再び増加する．そして，やがて経済は元の均衡水準へと復帰する．しかし，そのとき人口は

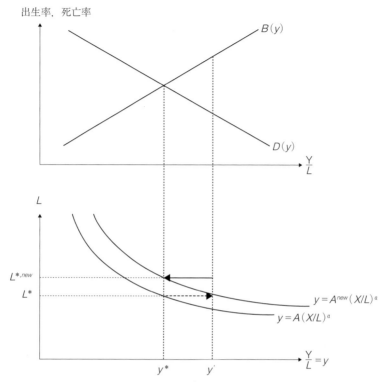

図 2.2 Malthus モデルにおける技術進歩

大きく減少しているであろう．

　現代において，大半の西側諸国ではこのような大飢饉は甘受できないと考えている．このような事態が生じた場合，食糧その他の救援物資という形で緊急援助が行われる．こうした介入は，道義的観点からすればもちろん大いに賞賛されるべきではある．しかし，他方において，援助を受けている側からすると，結果としては Malthus の罠から脱却できないということになってしまう．人口の水準に下方調整が働かなければ，そうした国では養うことができない多くの人口を抱え込むことになってしまう．多くの最貧国ではこうして援助に依存するようになってしまうのである．

2.4 内生的出生率

上記のモデルでは，Malthus 的な時代においては出生率 B_t と所得水準 y_{t-1} との間に正の関係が存在すると単純に仮定されていた．Ashraf and Galor (2010) は，こうした関係性が子供を持つか，あるいは高水準の個人消費を享受するかを選択できる効用最大化家計モデルからどれだけ明確な形で導くことができるかを示している．

経済の総生産量は，これまでと同様，(2.1) 式で表されると仮定する．また，時点 t における代表的個人の効用関数も Cobb-Douglas 型効用関数として表わされると仮定する．

$$U_t = c_t^{1-\beta} n_t^{\beta} \tag{2.5}$$

ここで，$c_t = \dfrac{C_t}{L_t}$ は経済における1人当たりの消費量，$n_t \geq 0$ は各人が生んだ子供のうち生存している人数，$\beta \in (0, 1)$ は個人の効用に対して子供を持つことの相対的な重要性を表すパラメータである．この関数には単純化した2つの仮定を設けている．1つは，(両性具有的な) 個人 (＝代表的個人) は持ちたいと望む子供の数を自ら決めることができるという仮定である．もう1つは，生まれてくる子供の数は非離散的な量 ($n_t = 1.2$ という可能性も認めるということ) で測ることができるという仮定である．

個人の予算制約式は次式で与えられる．

$$c_t + \rho n_t = y_t \tag{2.6}$$

ここで，$\rho > 0$ は子育てにかかる相対的な費用，y_t は1人当たりの所得 (＝1人当たりの生産量) を表す．この制約式は，個人が自身の消費 c_t と子供を持つこととの間でトレードオフに直面していることを示している．子供を持つ場合，子育てには ρ の固定費用がかかると仮定する．

効用関数と予算制約式を合わせると効用最大化問題を定義することができ

る．

$$\max_{n_t} U_t$$
$$\text{subject to} \quad c_t+\rho n_t=y_t$$

この問題は，予算制約式を $c_t=y_t-\rho n_t$ のように書き換え，それを効用関数の c_t に代入することで簡単に解くことができる．さらに，効用関数の対数をとれば，最大化問題を次式のように簡単に表すことができる．

$$\max_{n_t} \ln U_t = (1-\beta)\ln(y_t-\rho n_t) + \beta \ln n_t$$

最大化のための1階の条件は次式で与えられる[2]．

$$\frac{d \ln U_t}{dn_t} = -\frac{(1-\beta)\rho}{y_t-\rho n_t} + \frac{\beta}{n_t} = 0$$

この条件式を書き換えると，次式が得られる．

$$\beta(y_t-\rho n_t) = (1-\beta)\rho n_t$$
$$\Rightarrow (1-\beta)\rho n_t + \beta\rho n_t = \rho n_t = \beta y_t$$
$$\Rightarrow n_t^* = \frac{\beta y_t}{\rho}$$

以上から，効用を最大化させる（最適な）出生数 n_t^* は，1人当たりの所得 y_t の線形関数として表すことができる．この結果は，上記の関数 $B_t(y_{t-1})$ の仮定と類似している．子供の数は子供を持つ費用 ρ が増大すると減少する．また，$n_t^*>1$ の場合，これは人口が増加していることを意味する．

導出された n_t^* を予算制約式に代入すると，c_t^* を求めることができる．

---

[2] この場合，最大化の2階の条件も満たされる．というのは，$\frac{d^2 \ln U_t}{dn_t^2}<0$ となるからである．

$$c_t^* + \rho n_t^* = y_t$$
$$\Rightarrow c_t^* + \beta y_t = y_t$$
$$\Rightarrow c_t^* = (1-\beta) y_t$$

t 期と t+1 期の間の総人口水準の成長は，次式で与えられる．

$$L_{t+1} = n_t^* L_t$$
$$= \frac{\beta y_t L_t}{\rho}$$
$$= \frac{\beta A L_t^{1-\alpha} X^\alpha}{\rho}$$
$$= \varphi(L_t ; A) \tag{2.7}$$

ここでは，(2.3) 式の $y_t = A\left(\dfrac{X}{L_t}\right)^\alpha$ を代入している．(2.7) 式において，L_{t+1} は正，関数 φ は L_t について凹関数かつ技術水準 A については線形関数であることを示している[3]．L_{t+1} が L_t について凹関数であるというのは，1 階の微分が $\varphi_L > 0$，そして 2 階の微分が $\varphi_{LL} < 0$ であることから導かれる．

図 2.3 には，$L_{t+1} = L_t$ となる 45°線とともに関数 $\varphi(L_t ; A)$ が描かれている．これら 2 つの線は，$L_t = L_{t+1} = L^*$ において交わる．L^* はこのモデルにおける均衡人口規模である．なぜそうなるかを理解するために，人口規模が L^* の左側，すなわち $L_t < L^*$ であるような場合を少し考えてみよう．この水準では $n_t^* > 1$ となるため，人口が増加する．同様にして，人口規模が L^* の右側，すなわち $n_t^* < 1$ にあるとき，人口は減少する．つまり，$L_t = L_{t+1} = L^*$ であるときにのみ，経済は均衡点に「留まる (rest)」ことになる．

(2.7) 式に $L_t = L_{t+1} = L^*$ を代入すると，人口密度の均衡水準を求めることができる．

---

[3] この式は，質的に人口の動学方程式，(2.4) 式と類似していることに注意されたい．

18 第 2 章 Malthus 的な世界

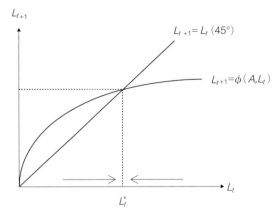

図 2.3 人口規模の均衡

$$\frac{L^*}{X} = \frac{1}{x^*}$$

$$= \left(\frac{\beta A}{\rho}\right)^{\frac{1}{\alpha}}$$

　実際的には，この式は，たとえば 1 km²当たりの人口と考えることができよう．Malthus 的な時代の均衡人口密度は，上記のように一国の労働生産性や技術水準とともに増加する．Ashraf and Galor (2010) は，実証研究においてこうした仮説を強く支持する結果を見出している．

2.5　Malthus 的連関性の喪失

　産業革命中の 1800 年頃，連合王国（イギリス）は Malthus の罠から解放された世界で最初の国となった．イギリス（の事例）は，その後他の西欧諸国によって追随されることとなった．そして，さらに後の時代になると西欧以外の多くの国々でも変化が生じ，今日でもこのプロセスは進行中である．こうした近代的成長（*modern growth*）のあり方は，経験的に観察できる次のような点によって特徴づけられる．

(1) 出生率 B の低下，加えて1人当たりの所得 y との連関性の喪失（死亡率 D については，引き続き y と連関して低下）

(2) 教育水準の全般的な上昇

(3) 技術知識 A の成長の加速

(4) (1) から (3) までの要因の直接的結果としての，最低生活水準をはるかに上回る1人当たりの生産量の飛躍的増大

経済史の研究者たちは，これらの定型化された事実については概ね合意している．しかし，こうした変化がどのようにして生じたか，またなぜそうした変化が，例えば13世紀のインド亜大陸ではなく，1800年以降の西ヨーロッパで始まったのかについては，研究者によって依拠するモデルがかなり異なっている．本節では，もっとも重要な学説の幾つかに焦点を当てて議論する．

2.5.1 地理的・制度的要因

伝統的な解釈は，地理（*geography*）的要因と技術（*technology*）的要因が主要な役割を果たしたというものである．これらの研究では，基本的に地理的条件がヨーロッパの技術知識 A の着実な増大に対して有利に働いたと考えている．極めて単純化して言えば，通常は技術知識が増大してもその影響はMalthus 的連関性の中ではたいてい人口水準の上昇によって相殺されてしまうが，技術革新が次々と爆発的に起こったことで，ついに技術上の洗練化がこれ以上ないという閾値に到達した，ということである．

一方，Olsson and Hibbs (2005) は，ヨーロッパでは初期の農業革命と産業革命への移行に対して，技術がその主導的な役割を果たしたと論じている．Diamond (1997) は，先史時代の技術進歩の基本的なプロセスが周辺環境の質の単純な関数で表されると論じている．とりわけ，潜在的に有用な生産要素——栽培可能な植物や飼育可能な動物など——に恵まれている環境の方が技術進歩はより急速に進展する．Diamond (1997) は，西ユーラシア（ヨーロッパや中

東地域）はこのような種に特に恵まれていたため，それが早期の定住型農業を促し，そして文明や国家の勃興へとつながっていったと論じている[4].

Olsson and Hibbs（2005）による先史時代の技術知識の成長モデルは，次式のように表される．

$$A_{t+1} - A_t = A_t \gamma E_i$$

ここで，$\gamma > 0$ は地域横断的に一定のパラメータ，E_i は特定の地域（i）の環境がもたらす「富（wealth）」を表しており，ここでは栽培・飼育可能な有用な植物・動物を指している．「富」に非常に恵まれた地域は成長が早く，新石器時代農業への移行が早期に起こる重要なレベル $\bar{A}$ にまで達することを可能とした[5]．農業への移行は一部の住民を生産活動から解放し，また継続的かつ急速な科学・技術の進歩には欠かせない専門家からなる新しいエリート層の形成にもつながった．新石器時代革命は，内生的な技術成長—例えば労働資源の新分野への再配置を通じた新知識の創造—の最初の例となった．

Olsson and Hibbs（2005）では，農業化された時代の技術の成長率を次式のように仮定する．

$$\frac{A_{t+1} - A_t}{A_t} = g(a_t L_t)$$

ここで，$a_t < 1$ は t 時点において知識創造に携わる労働力の総労働力 L_t に占める割合を表す．また，$g(a_t L_t)$ は $a_t L_t$ の関数であり，$g'(a_t L_t) > 0$ という性質を有している．Diamond（1997）の議論，ならびに Olsson and Hibbs（2005）のモデルでは，ヨーロッパが1人当たりの単位では世界の他の地域より豊かだったとは言えないにも関わらず，なぜ1500年代以降，他の大陸にその支配

---

[4] とりわけ，「肥沃な三日月地帯（Fertile Crescent）」は山羊，豚，牛，馬の先祖や，小麦・大麦の原種の故郷でもあった．他の地域，例えばオーストラリアは，飼育・栽培可能な動植物がなかったことから，ヨーロッパ人との接触が始まるまで石器時代同然の状況にあった．
[5] 肥沃な三日月地帯では，農業への移行はおおよそ紀元前8500年ごろであった．

を広げることができたのかについて,ごく初期における知識創造部門の創出がその鍵を握っていると指摘している.このような見解によれば,産業革命は農業への移行にその起源をもつ経済発展の自然発生的な延長線上にあるにすぎないということになる.

こうした理論は,経済的・政治的な制度(*economic and political institutions*)—たとえば,社会が存続する上での基本的なルール—が中心的な役割を果したと強調する研究者たちから批判を浴びている.Acemoglu et al (2005) では,西ヨーロッパ沿岸諸国の資本蓄積においては植民地支配が重要な役割を果したと論じている.資本流入は,イギリスやオランダのような国では商人層の政治力を強化した.そして,それが市民層と対峙する権力者に対する改革,および制度的な締め付けの強化につながっていった.ところが,スペインでは資本流入が王家の取り巻きであるエリート層を潤すにとどまってしまい,生産や投資ではなくレントシーキング的な行為を助長することにつながってしまった.イギリスやオランダでは,そうした制度的な変化が最終的に産業革命を引き起こす引き金となっていったのである.

2.5.2 Galor-Weil による統合成長モデル

上記のモデルは,人口成長と1人当たりの所得との連関性がどのように喪失するに至ったか,その詳細なメカニズムについては明らかにしていない.しかし,Galor and Weil (2000) はまさにそうしたプロセスに焦点を当てて議論している.彼らのモデルの重要な仮定の一つは,親は子供の量(*child quantity*:子供の数)と子供の質(*child quality*:子供の教育水準)との間でトレードオフに直面している,ということである[6].本節では,Galor-Weil のモデルを単純化して説明する.

親は,仕事と育児に時間を割くとする.期間 t において1人の子供に割く時間は,基本的な育児 τ と教育 e の2つに分けられる.その結果,次期の子供の教育水準は e_{t+1} となる.ここで,期間 t におけるその家族の子供の人数を n_t としよう.また,親が使える時間の全体を1に基準化する.以上から,親

---

[6] このトレードオフ関係は,元々 Becker and Lewis (1973) によって提示されたものである.

の時間制約は以下のように表すことができる．

$$n_t(\tau + e_{t+1}) \leq 1$$

　時間制約は，親が生む子供の数（n_t値の高さとして表れる）と子供たちに与える将来の高い教育水準（e_{t+1}）との間にトレードオフが存在することを表している．これは，Becker and Lewis (1973) が子供の量と子供の質との間にトレードオフの関係があると言及したものと類似している．たとえば，$n_t(\tau + e_{t+1}) = 1$ が成り立つとすると，e_{t+1}を上昇させるためにはそれに応じてn_tを減らさなければならない[7]．Galor and Weil (2000) は，2種類の活動に費やす時間の最適配分を導き出し，それが親の選好構造に大きく依存することを示した．だが，人類史の大半の期間において，この種のトレードオフについては$e_{t+1} = 0$であったことがよく知られている．「Malthus の罠」から突破するためには，教育水準の上昇と各家庭における子供の数の減少という要因がどうしても必要であった．

　では，なぜ家庭は子供の数を子供の質に置き換え始めたのであろうか．Galor and Weil (2000) はモデルの中で，e_{t+1}の最適水準は技術知識の成長率の関数，すなわち $e_t = e(g_t)$ であるという結果を導いている．これは，簡単に言えば，技術知識が蓄積されるにつれて最適な教育水準は上昇してくるということである．導関数で示せば，$\dfrac{de_t}{dg_t} \geq 0, \dfrac{d^2 e_t}{dg_t^2} \leq 0$ である．

　技術知識の成長率が，次式で与えられると仮定する．

$$\frac{A_{t+1} - A_t}{A_t} = g_{t+1} = g(e_t, L_t)$$

ここで，成長率g_{t+1}はe_tとL_tの増加関数である．人口全体の教育水準e_tが上昇してくると技術進歩のスピードは速くなり，同様に人口が増加すると潜在的なイノベーターの数が増加してくる．経済学的には，偏微分として，$\dfrac{\partial g}{\partial e_t} =$

---

[7] 一人の子供に対して割かれる教育以外の基本的な生活上の時間 τ は一定と仮定されている．

2.5 Malthus 的連関性の喪失　23

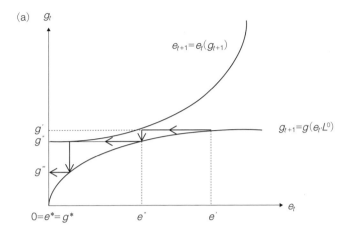

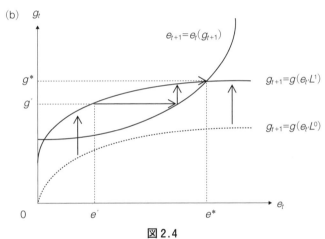

図 2.4
（a）Galor-Weil モデルに基づく，教育及び技術の進展過程における「Malthus の罠」
（b）Galor-Weil モデルに基づく，人口の増加（$L^1>L^0$）による「Malthus の罠」からの脱出

$g_e>0$, $\dfrac{\partial g}{\partial L_t}=g_L>0$, $\dfrac{\partial^2 g}{\partial e_t^2}=g_{ee}<0$ と表すことができる．親が一旦子供に対して教育投資を始めると，教育と技術水準の向上との間には一種の正のフィードバック的循環関係が生じる．

この2つの変数間の基本的な関係は，**図 2.4(a)** と **2.4(b)** に示されている．

この2つの図には，$e_{t+1}=e(g_{t+1})$ と $g_{t+1}=g(e_t, L_t)$ の2つの曲線が描かれている．曲線の傾きは既に導出してある[8]．技術進歩率 g_t がある一定の水準を下回ると，教育の最適水準 e_t はゼロとなることにも注意されたい．

では，教育水準が $e'>0$ から始まる経済ではどうであろうか．この水準では，次年度の技術進歩は $g'>0$ とかなり高い．人口水準は $L^0>0$ である．しかし，g がこの程度の水準であると，図の矢印で示されているように，次期の教育は減退し，教育水準は $e''<e'$ へと低下してしまう．この期の教育水準が低いと，技術進歩は緩慢となり，g は $g''<g'$ へとさらに低下していく．ゆえに，将来的には，経済において教育と技術の間に負のフィードバック的関係が生じてしまい，最終的に経済は $e^*=g^*=0$ という均衡点に達してしまうことになる．教育に時間が割かれなければ，親は非労働時間を子作りに費やすこととなり，n_t が増大することになる．これは，典型的な Malthus の罠のシナリオである．

では，異なる条件に置かれた経済（あるいは同じ経済であっても時代が異なるケース），つまり**図 2.4(b)**のように，人口が $L^1>L^0$ となり，それゆえ $g(e_t, L^0)$ 曲線が $g(e_t, L^1)$ へと上昇するケースについて考えてみよう．e' から始まった場合，教育は高い水準の g に刺激されてますます奨励され，結果的に次期の e は上昇する．高い教育水準は，今度は技術進歩を加速させる．その結果，経済は正の好循環に突入することになる．そして，均衡水準 e^*, $g^*>0$ に達する．親の時間制約は増大しないため，親は子供の数 n_t を子供の質 e_t に置き換えるようになる．社会的総生産量は技術進歩の助けも借りて急激に増加し，低水準の n_t と高水準の g_t の相乗効果によって1人当たりの所得も爆発的に増加することになる．（このようにして）経済は Malthus の罠から逃れられるのである．

---

[8] やや複雑なのは，$e(g_{t+1})$ 曲線が (g_t, e_t) 空間ではなくむしろ (e_t, g_t) 空間に描かれているということである．それでも，導関数に関する上記の条件は満たされている．

第3章 Solow 成長モデル

3.1 はじめに

　本章では，工業化の時代，すなわち，大半の国家が Malthus の罠から何とか抜け出せた時代における富と貧困の決定要因について分析を行う．たとえば，スイスやノルウェーのような最も豊かな国々の GDP が，ニジェールやハイチのような最も貧しい国の GDP の百倍以上であるのは何故なのだろうか．ここでは，景気循環のような短期的現象に焦点を当てるよりも，むしろ長期的な発展のパターンを理解することを試みる[1]．

　工業化時代の経済成長格差を説明する際に重要な役割を果たす要素は，人口成長ではないだろう．というのも，人口成長は比較的低い（外生的な）水準で安定するとみられるからである．初期状態において労働者1人あたりの物的資本が相対的に少ない経済は，どうすれば相対的により豊かな国々よりもはやく成長できるのだろうか．それを示す上で，鍵となる生産要素はむしろ物的資本であり，鍵となる過程は収束（*convergence*）の過程である．

　新古典派の成長モデルは Solow (1956) を基礎として築かれた．マクロ経済学研究において，このモデルは，今や最も重要なモデルの1つとなっている．そこで，よく知られた $\dot{k}$ 方程式とその式から得られる収束という最も重要な結果について導き出すところから始めよう．そして，最終的に，Solow モデルのいくつかの拡張版を示し，技術進歩や人的資本を基本モデルに組み込む方法について明らかにする．

---

[1] 長期という言葉は，典型的な景気循環の周期を約5年とすると，少なくともそれよりは長い期間として用いられる．

3.2　Solow モデルの基本的仮定

理論的観点からみた Solow 成長モデルの主たる貢献は，物的資本の蓄積過程を内生化したことにある[2]．それは，これからの説明で直ぐに明らかとなるだろう．

最も簡単な Solow 成長モデルでは，総生産関数は以下のように仮定される．

$$Y_t = F(K(t), L(t)) \tag{3.1}$$

ここで，Y_t は生産面から集計した GDP の合計であり，$K(t)$ は物的資本の合計で時間 t の関数である．また，$L(t)$ は総労働力を表す[3]．具体的には，$K(t)$ は一国における工場や機械のストックの合計，$L(t)$ は全労働者数とみなすことができる．したがって，K と L（説明を簡単にするため，今後は，通常，時間 (t) の表記を省略することにしよう）は生産要素であり，生産過程における投入物である．

同様に，以下のような，より技術的な仮定を設定する．

- 規模に関して収穫一定 (*constant returns to scale*)：$F(\lambda K, \lambda L) = \lambda F(K, L)$．

- すべての生産要素について，限界収入は正であるが逓減する (*all factors of production have positive but diminishing marginal returns*)：K のすべての水準で $\frac{\partial F}{\partial K} = F_K > 0$，$\frac{\partial^2 F}{\partial K^2} = F_{KK} < 0$；$L$ のすべての水準で $\frac{\partial F}{\partial L} = F_L > 0$，$\frac{\partial^2 F}{\partial L^2} = F_{LL} < 0$．

収穫一定の仮定は，たとえば，K と L が同時に 2 倍になれば，産出量の合

---

[2] 内生的な (*endogenous*) 変数とは，その値がどのように決定されるかがモデルのなかで説明される変数のことである．他方，外生的な (*exogenous*) 変数とは，所与として扱われる変数，つまり，モデルによって説明されない変数のことである．

[3] 通常，この関数には技術に関する知識水準 $A(t)$ も含まれる．$A(t)$ については，後で導入される．

計も2倍になるということを意味する[4]．2番目の仮定は，F が両方の生産要素に関して凹関数であること，そして，限界生産物が常に正であることを示す．これは，Malthus モデルで用いられていた Ricardo 学派の仮定と同一である．

さらに，総生産関数が次のように変換できると仮定する．

$$\begin{aligned}\frac{F(K,L)}{L} &= F\left(\frac{K}{L}, \frac{L}{L}\right) \\ &= F\left(\frac{K}{L}, 1\right) \\ &= f(k), \quad \text{ただし } k = \frac{K}{L}\end{aligned} \qquad (3.2)$$

この変換された式は (3.1) 式の集約型 (*intensive form*) と呼ばれ，k は，形式上，労働者1人あたりの資本 (*capital per worker*) と呼ばれる．後で分かることであるが，この集約型の式を用いることによって，この先の節の計算が著しく簡単化される．

集約型の生産関数も上述した関数と全く同じ基本的な性質を持っている．

・$k>0$ のすべての水準で $f'(k)>0$；$f''(k)<0$；$f(0)=0$．

成長理論における生産関数として最もよく用いられる関数形式は，次の Cobb-Douglas 型である．

$$\begin{aligned}Y &= F(K, L) \\ &= K^\alpha L^{1-\alpha}\end{aligned} \qquad (3.3)$$

この式の両辺を L で割れば，集約型の，すなわち1人当たりの産出量が得られる．

---

[4] このことを，生産関数は1次同次であるともいう．

$$y = f(k)$$
$$= \frac{K^\alpha L^{1-\alpha}}{L}$$
$$= K^\alpha L^{-\alpha}$$
$$= \left(\frac{K}{L}\right)^\alpha$$
$$= k^\alpha \tag{3.4}$$

3.3 Solow モデルの動学

　Solow 成長モデルにおいて内生変数はすべて時間の関数である．よって，次にそれらの変数の動学，すなわち運動法則（*laws of motion*）について明らかにしよう．ただし，労働 L の成長率については，モデルによってではなく，外生的に決まると仮定する．

$$\frac{dL(t)}{dt} = \dot{L}(t)$$
$$= nL$$

ただし，$n > 0$ とする．この式から，

$$\frac{\dot{L}}{L} = n$$

が得られる．ここで，n は労働力（あるいは人口水準）の成長率（パーセント）である．本来，時間微分は微小な時間変化に対するストック変数の変化の比を示すが，特に断りのない限り，たとえば，$\frac{\dot{L}}{L}$ を国民経済計算における年間成長率とみなすことにしよう[5]．n の典型的な水準は，0.01 から 0.05 程度で

ある.

Solowモデルの鍵となる動学方程式は，物的資本ストックの変化率を明確化した

$$\dot{K} = sY - \delta K \qquad (3.5)$$

である．この式において，$s>0$ は産出量の合計 Y のうち貯蓄に当てられる割合であり，$\delta>0$ は資本減耗率，すなわち，物的資本全体のうち毎年少しずつ減耗していく資本の割合である（典型的な，またよく観測される水準は $s=0.2$，$\delta=0.05$ である）．この式を書き直すと，

$$\begin{aligned} sY &= \dot{K} + \delta K \\ &= I \end{aligned}$$

となる．この式からは，貯蓄の合計 sY を（資本ストックの実際の増加に結び付く）純投資（*net investment*）$\dot{K}$ と（減耗した資本を新しいものに置き換える）更新投資（*replacement investments*）δK に使うことができること，さらに，純投資と更新投資を合計したものが総投資の全体 I を構成することが分かる．

Solow 成長モデルが暗黙的に仮定するのは，貿易も政府も存在しない閉鎖経済である．よって，経済における使用者側の支出としては（基本的な方程式 (1.1) と較べて）投資と消費のみとなる．それゆえ，

$$\begin{aligned} Y &= \dot{K} + \delta K + C \\ &= I + C \end{aligned}$$

と書くことができる．ここで，C は総消費の水準を表す．

$\dot{K}$ を集約型で表現するには $\dot{k}$ を求めなくてはならない．ここで，$k(t) = \dfrac{K(t)}{L(t)}$ であることを想起すれば，微分のチェーン・ルールと商の法則により，

---

[5] 後に出てくる世代重複モデルでは，時間は連続的ではなく離散的であると仮定される．

$$\frac{dk(t)}{dt} = \dot{k}$$

$$= \frac{\dot{K}}{L} - \frac{K}{L^2}\dot{L}$$

$$= \frac{\dot{K}}{L} - k\frac{\dot{L}}{L}$$

$$= \frac{sY(t) - \delta K(t)}{L} - nk$$

$$= sf(k) - (\delta + n)k \tag{3.6}$$

が得られる．(3.6) 式の最後の行の式が Solow 成長モデルの中心的な方程式である．

3.4　Solow モデルの均衡

先の $\dot{k}$ 方程式は，図 3.1 のように描くこともできる．横軸が効率労働 1 単位あたりの資本 k を示すのに対して，縦軸は単なる水準を表す．図中で最も重要な 2 つの線は，曲線 $sf(k)$ と直線 $(\delta+n)k$ である．$f''(k)<0$ であるから，前者は凹であることに留意しておこう．$sf(k)$ は投資の実際の水準（actual level），$(\delta+n)k$ は投資の損益分岐の水準（break-even level）と言及されることもある．一方，これらの線の上方には，もう 1 つ曲線 $f(k)$ がある．曲線 $sf(k)$ と曲線 $f(k)$ の間の垂直距離は $c=\dfrac{C}{L}$，すなわち，労働 1 単位あたりの消費に等しいことに注意しておこう．

k の値が高い水準では $\dot{k}<0$ であるのに対し，k の値が低い水準では $\dot{k}>0$ である．図 3.1 の中では，唯一の安定な均衡は，$sf(k)$ と $(\delta+n)k$ が交差する点 k^* に存在する．これは $\dot{k}=0$ となる k の水準であり，その水準において K と L は「均斉（balanced）」成長率で増大する[6]．k^* は，しばしば，定常状態

---

[6] 系が安定であることを確認するためには，k^* の左にある k の値を 1 つ選んで試せばよい．その値では $sf(k)$ は $(\delta+n)k$ を超過しているだろう．すると，$\dot{k}>0$ なので，k は増大して右に動く．k^* の右では逆のことが起こる．k^* になって初めてシステムは安定な点に到達する．

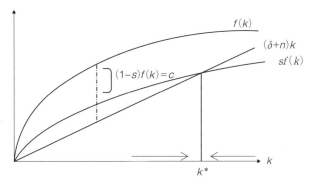

図 3.1 新古典派的成長の図

均衡（*steady-state equilibrium*）とよばれる．

3.5　Solow モデルから引き出される含意

3.5.1　Cobb-Douglas 型の関数形式

(3.4) 式のように，Cobb-Douglas 型生産関数を仮定すると，以下のような $\dot{k}$ 方程式が得られる．

$$\dot{k} = sk^\alpha - (\delta + n)k$$

この式から，（チェーン・ルールを使って）労働者 1 人あたりの生産量の成長率を求めることができる．

32　第3章　Solow 成長モデル

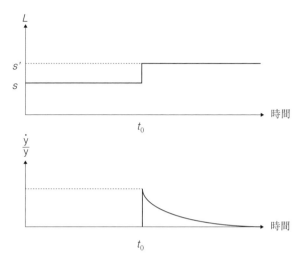

図 3.2　貯蓄率の増加が労働者1人あたりの成長率に及ぼす影響

$$\frac{\dot{y}}{y} = \frac{\dfrac{d(k^\alpha)}{dt}}{k^\alpha}$$

$$= \frac{\alpha k^{\alpha-1}\dot{k}}{k^\alpha}$$

$$= \frac{\alpha \dot{k}}{k}$$

$$= s\alpha k^{\alpha-1} - \alpha(\delta+n)$$

$$= \frac{s\alpha}{k^{1-\alpha}} - \alpha(\delta+n) \tag{3.7}$$

k が低い水準のときには $\dot{k}>0$ であるから，経済は早いペースで成長するだろう．このことから，短期的には，労働者1人あたりの成長率は k の初期水準に依存すると考えられる．しかし，k が増加するにつれて，経済は次第に $\dot{k}=0$ である定常状態の水準 k^* に接近する．また，何らかの理由で，定常状態において貯蓄率 s が上昇すると，$\dot{k}$ の符号が正に変わるため，労働者1

3.5 Solowモデルから引き出される含意

人あたりの成長率は一時的に高まると考えられる．しかし，長期的な効果については，kが新しい（そしてより高い）均衡水準（**図 3.2**を見よ）に到達した時点でゼロになるはずである．同様に，人口成長率が急激に上昇すると，低水準のkにおいて均衡が成立するため，労働者1人あたりの産出量は低下し，経済が安定するまでマイナス成長となる．成長率に対する一時的な効果と定常状態における産出水準への永続的な効果に関するこうした予測は，Solowモデルから引き出される最も重要な含意の1つであり，実証研究の分野において数多く検証されている．

kの定常状態の水準は次のように求めることもできる．

$$\dot{k}=0$$
$$\Rightarrow s(k^*)^\alpha = (\delta+n)k^*$$
$$\Rightarrow (k^*)^{\alpha-1} = \frac{(\delta+n)}{s}$$
$$\Rightarrow k^* = \left(\frac{\delta+n}{s}\right)^{\frac{1}{\alpha-1}}$$
$$= \left(\frac{s}{\delta+n}\right)^{\frac{1}{1-\alpha}} \tag{3.8}$$

最後の式変形は，指数 $\left(\frac{1}{\alpha-1} < 0\right)$ を正の値にするためのものであったことに注意しよう．定常状態の水準に関するこの式は，k^*が貯蓄率sの増加とともに増大し，資本減耗率δや人口成長率nの増加とともに減少することを示している．**図 3.1**の曲線を動かすことによっても同一の結果が得られる．定常状態における労働者1人あたりの産出量の水準は，

$$y^* = (k^*)^\alpha = \left(\frac{s}{\delta+n}\right)^{\frac{\alpha}{1-\alpha}}$$

となる．

3.5.2 資本蓄積の黄金律

貯蓄率 s の増加によって,定常状態における労働者1人あたりの消費水準 c^* はどのような影響を受けるであろうか.ここでは,

$$c^* = (1-s)f(k^*)$$
$$= f(k^*) - (n+\delta)k^* \tag{3.9}$$

であることに注意しよう.(3.8) 式から,k^* が s とともに増大することは明白である.しかし,(3.9) 式には k^* が c^* に及ぼす正と負の両方の影響が存在している.そこで,偏微分をとると,

$$\frac{\partial c^*}{\partial s} = [f'(k^*) - (n+\delta)]\frac{\partial k^*}{\partial s}$$

となる.この式の符号は,大括弧の中の項の符号によって決まると考えられる($\frac{\partial k^*}{\partial s}>0$ が常に成り立つことは既に明らかである).k の値が小さいときには $f'(k^*)$ が非常に大きいため(図3.1を見よ),$\frac{\partial c^*}{\partial s}>0$ と推測できる.その一方で,k の値が大きい場合は,$\frac{\partial c^*}{\partial s}<0$ となるだろう.よって,$\frac{\partial c^*}{\partial s}=0$ となる k^* の水準が一意に定まると考えられる.それを $k^{*,\text{gold}}$ で表すと,次の式が成り立つ.

$$\frac{\partial c^*}{\partial s} = 0 \qquad (f'(k^{*,\text{gold}}) = n+\delta \text{ のとき}) \tag{3.10}$$

$k^{*,\text{gold}}$ の水準を超える資本蓄積は,集約的消費 c^* を減少させる.この $k^{*,\text{gold}}$ を実現させる貯蓄率は s^{gold} と表される.この資本蓄積の黄金律(*golden rule of capital accumulation*)から分かることは,貯蓄率の引き上げは,ある水準に達するところまでしか役に立たないということである.

3.5.3 収 束

上述のモデルは，収束 (*convergence*) について，k が相対的に低い水準からスタートした国の方が労働者1人あたりの産出量は高い成長を実現するということを示している．ここからは，別の方法で収束という性質について説明してみよう[7]．

Solow モデルの成長方程式に Cobb-Douglas 型生産関数 $f(k)=k^\alpha$ を挿入すれば，労働者1人あたりの産出量の成長率を次のように書くことができる．

$$\frac{\dot{y}}{y}=\alpha(sk^{\alpha-1}-\delta-n)$$

$\frac{Y}{L}=k^\alpha=y$ であるから，k を $k=y^{\frac{1}{\alpha}}$ と表すことができ，これを先の成長方程式に代入すると，

$$\frac{\dot{y}}{y}=\alpha(sy^{\frac{\alpha-1}{\alpha}}-\delta-n)$$
$$=\alpha\left(\frac{s}{y^{\frac{1-\alpha}{\alpha}}}-\delta-n\right) \quad (3.11)$$

となる．多国家間の経済成長の決定要因に関する実証研究は，この方程式を基礎にして行われる．なお，この式から得られる収束に関する重要な予想は，労働者1人あたりの産出量の初期水準 y が高くなると，間違いなく，その成長率は低下するということである．言い換えれば，他の全ての条件が等しい場合，貧しい国は豊かな国よりも早く成長するはずである．収束の過程における一国の成長率は，貯蓄率 s が上昇すれば上昇し，人口成長率 n や資本減耗率 δ が上昇すれば低下する．すでに定常状態に到達している豊かな国々の成長率は，外生的なパラメータ g に依存する．

この収束過程を念頭におけば，世界で最も貧しい国々が最も高い経済成長

---

[7] 同様の議論については，Romer (1994) を見よ．

36 第3章 Solow 成長モデル

を経験するはずである．かつては貧しかった多くの国々，たとえば，中国，インド，ボツワナといった国々がこの数十年間に急激な成長を遂げたことは周知の通りである．しかし，それ以外の国の中には停滞，あるいは衰退を経験した国もある．コンゴ民主共和国やザンビアのように，1人あたりの所得水準が半減した国も存在する．次の節では，こうした問題に戻ることにしよう．

3.6 Solow モデルの拡張

上で提示された Solow 成長方程式の簡易版は，収束に関する重要な性質，および物的資本蓄積が演じる中心的な役割について基本的な考え方を示している．しかし，その関数は，経済成長にとって重要と考えられている多くの要素の中で，中期的に起こることを捨象している．それらの中で最も重要な要素は，技術進歩と人的資本蓄積の2つである．

3.6.1 技術進歩

技術進歩は，上述の基本モデルにすぐに取り込むことができる．第2章と同様，時点 t における技術的知識の水準を A_t で表そう．大半の成長モデルでは，技術は主として労働増大的 (*labor augmenting*) である，つまり，A_t は労働者の生産性を上昇させると仮定される．合成した生産要素 $A_t L_t$ を効率労働 (*effective labor*) とよぶことにしよう[8]．すると，総生産関数は次のようになる．

$$Y = F(K, AL)$$
$$= K^\alpha (AL)^{1-\alpha}$$

加えて，技術進歩率は次のように外生的に与えられると仮定する．

---

[8] この特性を「Harrod 中立的 (*Harrod neutrality*)」ということもある．技術に関しては別の仮定を置くこともあるが，それらについて，ここでは議論しない．

$$\frac{\dot{A}_t}{A_t} = g > 0$$

いまや集約型は $\kappa = \dfrac{K}{AL}$ と表され，これは効率労働 1 単位当たりの資本 (*capital per unit of effective labor*) とよばれる．κ の時間微分は，

$$\dot{\kappa} = \frac{\dot{K}}{AL} - \frac{KL}{(AL)^2}\dot{A} - \frac{KA}{(AL)^2}\dot{L}$$
$$= \frac{sY - \delta K}{AL} - \kappa\frac{\dot{A}}{A} - \kappa\frac{\dot{L}}{L}$$
$$= sf(\kappa) - \kappa(\delta + g + n)$$

となる．ただし，$f(\kappa) = \dfrac{F(K, AL)}{AL}$ とする．ある水準 $\kappa^* = \left(\dfrac{s}{n+\delta+g}\right)^{\frac{1}{1-\alpha}}$ で $\dot{\kappa} = 0$ となるのだが，そのとき，前節で述べたように，経済は定常状態均衡にあると考えられる．よって，効率労働 1 単位当たりの資本の均衡水準は，技術進歩率の上昇によって低下する．

1 人あたりの産出量は $\dfrac{Y}{L} = \dfrac{K^\alpha (AL)^{1-\alpha}}{L} = A\kappa^\alpha$ と表されるので，その成長率は次のように与えられる．

$$\frac{\dot{y}}{y} = \frac{\dot{A}}{A} + \alpha\frac{\dot{\kappa}}{\kappa}$$
$$= g + \alpha\left(\frac{sf(\kappa)}{\kappa} - \delta - g - n\right)$$

$\kappa = \kappa^*$ のとき括弧内の項の和がゼロになることに注意しよう．このとき，1 人あたりの産出量の均衡成長率は $g > 0$ となる．したがって，均衡成長の状態にある豊かな国々では，技術進歩によってのみ成長すると考えられる．Solow モデルでは技術の成長率は外生的に与えられるため，技術進歩について重要なことを述べることができない．次章の内生的成長理論 (*endogenous* *growth theory*)の主な狙いは，経済成長は研究開発（R&D）における意図的な人的投資の結果であることを示すことにある．

3.6.2 人的資本

技術に関する知識水準 A_t の導入には，（知的財産権がなく）誰もが自由に使うことのできる生産に関するアイデアのストックを考慮するという意図がある．経済学の専門用語としては，アイデアは非競合（*nonrival*）財とよばれ，それはほとんどの公共財と同じ基本的な性質を備えている．すなわち，アイデアは同時に多数の場所および状況で用いることができる，ということである[9]．

一方，人的資本とは人々が身につけた技術や能力のことである．ある特定の人の技術を同時に2つの事業所で用いることはできない．典型的に人的資本は教育や学習を通じて向上するが，時間が経過するとともに陳腐化し，また人々は学習したことを忘れる傾向にあることから，次第にその価値は失われていってしまう．こうした意味で，人的資本は投資を通じて増加し，減耗によって減少する物的資本と多くの共通点を持っている．

Mankiw et al (1992) は，人的資本をも含める形で Solow の基本モデルを拡張した．彼らのモデルでは，経済における人的資本の総量 H は，効率労働 AL と区別されると考えている．彼らの想定する総生産関数は，

$$Y = F(K, H, AL)$$
$$= K^\alpha H^\beta (AL)^{1-\alpha-\beta}$$

である．彼らのモデルでは，物的資本と人的資本の両方が内生的に成長する．ここで，$\kappa = \dfrac{K}{AL}, \eta = \dfrac{H}{AL}, \tilde{y} = \dfrac{K^\alpha H^\beta (AL)^{1-\alpha-\beta}}{AL} = \kappa^\alpha \eta^\beta$ とすると，2つのストック変数の動学は，それぞれ次の式によって与えられる．

---

[9] 技術の性質については，後ほど議論する予定である．

$$\dot{\kappa}=s_\kappa \kappa^\alpha \eta^\beta - \kappa(\delta+g+n)$$

$$\dot{\eta}=s_\eta \kappa^\alpha \eta^\beta - \eta(\delta+g+n)$$

パラメータ $s_\kappa>0$ と $s_\eta>0$ は,効率労働1単位当たりの産出量 $\tilde{y}=\kappa^\alpha\eta^\beta$ のうち,物的資本と人的資本に投資されるそれぞれの割合を表わす.また,所得に占める $1-s_\kappa-s_\eta$ の割合は,消費に回される割合を表わす.ゆえに,s_η は一国の教育投資の比率と考えることができよう.第2章で論じたように,1800年頃までのほとんどの国では,この率は非常に低いものでしかなかった.ここでは,簡単に,物的資本と人的資本の減耗率は同一であると仮定する.その減耗率は,効率労働単位では $\delta+g+n$ である.

定常状態の水準 κ^* と η^* は,$\dot{\kappa}=\dot{\eta}=0$ となるところで求められる.今回は連立方程式を解かねばならないため,解を得るには前より多くの代数計算が必要となる.最初に,$\dot{\kappa}=0$ から

$$\kappa^* = \left(\frac{s_\kappa(\eta^*)^\beta}{\delta+g+n}\right)^{\frac{1}{1-\alpha}}$$

が得られ,さらに,$\dot{\eta}=0$ から

$$\eta^* = \left(\frac{s_\eta(\kappa^*)^\alpha}{\delta+g+n}\right)^{\frac{1}{1-\beta}}$$

が得られる.2つの式の対数をとると,連立方程式

$$\ln \kappa^* = \frac{1}{1-\alpha}\ln\left(\frac{s_\kappa}{\delta+g+n}\right) + \frac{\beta}{1-\alpha}\ln\eta^* \tag{3.12}$$

$$\ln \eta^* = \frac{1}{1-\beta}\ln\left(\frac{s_\eta}{\delta+g+n}\right) + \frac{\alpha}{1-\beta}\ln\kappa^* \tag{3.13}$$

が得られる．(3.13) 式の $\ln\eta^*$ を (3.12) 式に代入すると，

$$\ln\kappa^* = \frac{1}{1-\alpha}\ln\left(\frac{s_\kappa}{\delta+g+n}\right) + \frac{\beta}{(1-\alpha)(1-\beta)}\ln\left(\frac{s_\eta}{\delta+g+n}\right)$$
$$+ \frac{\alpha\beta}{(1-\alpha)(1-\beta)}\ln\kappa^*$$

となる．これを $\ln\kappa^*$ について解くと，

$$\ln\kappa^* = \frac{1-\beta}{1-\alpha-\beta}\ln\left(\frac{s_\kappa}{\delta+g+n}\right) + \frac{\beta}{1-\alpha-\beta}\ln\left(\frac{s_\eta}{\delta+g+n}\right)$$

となる．この式を指数変換することによって，上述の連立方程式の解

$$\kappa^* = \left(\frac{s_\eta^\beta s_\kappa^{1-\beta}}{\delta+g+n}\right)^{\frac{1}{1-\alpha-\beta}}$$

を得ることができる．同様にして η^* を求めると，次のようになる．

$$\eta^* = \left(\frac{s_\kappa^\alpha s_\eta^{1-\alpha}}{\delta+g+n}\right)^{\frac{1}{1-\alpha-\beta}}$$

これらの方程式には，s_η が上昇すると κ^* が増大し，s_κ が上昇すると η^* が増大するという特筆すべき特徴がある．このような効果が発生するのは，s_η が高くなると η の水準が上昇し，利用可能な資源 $\tilde{y}$ も増え，物的資本に投資される所得の合計も増えるからである．

この経済における定常状態での1人あたりの産出量の水準は

$$y^* = A_t (\kappa^*)^\alpha (\eta^*)^\beta{}_t$$
$$= A_t \left(\frac{s_\eta^\beta s_\kappa^{1-\beta}}{\delta+g+n}\right)^{\frac{\alpha}{1-\alpha-\beta}} \left(\frac{s_\kappa^\alpha s_\eta^{1-\alpha}}{\delta+g+n}\right)^{\frac{\beta}{1-\alpha-\beta}}$$
$$= A_t \left(\frac{s_\eta^\alpha s_\kappa^\beta}{(\delta+g+n)^{\alpha+\beta}}\right)^{\frac{1}{1-\alpha-\beta}}$$

である．A_t は定常状態に収束しない唯一の生産要素であるから，1人あたりの産出量の均衡成長率は g に等しいと考えられる．

第4章 内生的成長理論

4.1 はじめに

Solow 成長モデルは2つの点で批判を受けている．それは，すべての国々が同じ長期成長率に収束するという予想が実現したようには見えないことと，長期成長の推進力となる技術進歩率 g がモデルで説明されないまま残されていること，の2点である．

本章では内生的成長理論を議論するが，この理論は経済主体による自発的な選択の結果として，技術進歩がどのように起こるかを説明しようとしている．ここでは，特に，独立したR＆D部門が中間財部門や最終財部門とどのように相互作用するかについて分析する．知的財産権の存在は，中間財を生産する企業がその生産に関して事実上独占権を有していることを意味する．後半の節では，不完全競争の仮定を組み込んだ場合の効果について分析する．この分野における主たる貢献は，Romer (1986, 1990) と Aghion and Howitt (1992) である．

本章では，技術進歩に焦点を当てるため，R＆Dの果たす役割が大きい先進国経済を念頭に置いている．しかし，世界の大半の国々では，先端的なR＆Dは行われていない．そのような国々では，西欧諸国の技術革新が模倣されているに過ぎない．4.6節では，国家の社会計画者が模倣と技術革新のどちらを選択するかを考察するモデルについて議論する．

4.2 AK モデル

Romer はその著名な論文 Romer (1986) の中で，Solow 成長モデルの中心的な特徴である収穫逓減性は恐らく誇張であると述べている．また，ある種

の政策が成長率に対して及ぼす効果は，Solow モデルが示唆する以上に持続的であるとも述べている．こうした点について簡明な解を提示したのは，Rebelo (1991) の AK モデルである．

長期の生産関数が次式のように特定化されると仮定する．

$$Y(t) = AK(t) \tag{4.1}$$

ここで，$K(t)$ は物的資本と人的資本の広範な集合体と解釈される．また，A は固定された技術パラメータである．これまでと同様，AK モデルについても資本蓄積関数が動学の要となる．

$$\dot{K} = sAK - \delta K \tag{4.2}$$

ここで，s は貯蓄率，δ は資本減耗率を表す．1人当たりの資本は，$k(t) = \dfrac{K(t)}{L(t)}$ である．また，労働力の成長率は人口の成長率と等しく，$\dfrac{\dot{L}}{L} = n > 0$ で表わされる．よって，労働者1人当たりの資本の動学方程式は，

$$\frac{dk}{dt} = \frac{\dot{K}}{L} - \frac{K}{L}\frac{\dot{L}}{L} = sAk - \delta k - nk \tag{4.3}$$

となる．

労働者1人当たりの生産量は，$y = \dfrac{AK}{L} = Ak$ であり，その成長率は，

$$\frac{\dot{y}}{y} = \frac{\dot{k}}{k} = sA - \delta - n \tag{4.4}$$

である．この式に関して留意すべき点は，s や n のような政策の対象となるパラメータの変化は，成長率に対して永続的に影響するということである．たとえば，貯蓄率 s が上昇すると成長率は恒久的に上昇する．この結果は，Solow モデルによる予測（(3.7) 式の，s の増加は成長率に対し一時的な効果しか

ない，とする部分を参照せよ）とは対照的である．もちろん AK モデルにも欠点はある．それは，長期的成長の原動力となる諸要因が依然として外生的と仮定されているということである．

4.3 内生的技術変化

これまで，技術進歩がどのように生じるかという問題については触れないできた．既に述べた Solow モデルでは，技術進歩率 g は外生的と仮定されている．よく知られているように，前世紀における技術知識の進歩の大半は，利潤最大化を志向する企業の巨大な R＆D 部門において科学者と技術者が意図的に行動した結果もたらされたものである．Romer（1990）や Aghion and Howitt（1992）が提示したモデルは，そのような過程のメカニズムを例示する先駆的な試みである．以下では，これらのモデルの骨子について説明する．

4.3.1 R＆D 部門

最近の内生的成長モデルの大きな特徴は，生産要素（主として労働）の投入先として，独立した R＆D 部門をモデル化しているということである．経済には 2 つの部門があると仮定する．それは，一国の GDP を構成するすべての最終財やサービスを生産する最終財部門（*final goods sector*）と，最終財部門で用いられる新奇なアイデアや新たな技術知識を生み出す R＆D 部門（*R＆D sector*），の 2 つである．最終財部門の生産関数は次式で与えられる．

$$Y(t) = A(t)(1-a)L(t) \tag{4.5}$$

ここで，$A(t)$ は，これまでと同様，時点 t における技術知識の水準，a は総労働力 $L(t)$ のうち R＆D 部門に配置される労働力の割合，$1-a$ は最終財部門に配置される割合である．

R＆D 部門は，次の生産関数に従うものとする．

$$\dot{A}(t) = B(aL(t))^\gamma A^\theta(t) \tag{4.6}$$

ここで，$B>0$ は研究活動の効率性を表わすパラメータ，$\gamma \in (0, 1)$ は研究に従事する労働の生産弾力性，$\theta \in [0, 1]$ は知識ストックを増加（$\dot{A}$）させるための既存知識水準 $A(t)$ の生産弾力性を表すパラメータである．簡単化のため，ここでは物的資本をモデルから捨象している．

(4.5) 式と (4.6) 式については，とくに注目すべき点が2つある．第1に，A はどちらの部門でも同時に最大水準まで利用できるということである．このように仮定する理由は，アイデアはその性質において非競合財（*nonrival*）であるからである．すなわち，あるアイデア（たとえば，新エンジンの設計図）を1人の人が使っても，それを別の誰かが同時に使うことを排除しない，ということである．資本や労働力のような他の生産要素は，アイデアとは異なり競合（*rival*）関係にある．例えば，エンジン1機を第1工場か第2工場のどちらかで利用することはできても，それを2か所で同時に利用することはできない．労働力も同様に競合する生産要素である．したがって，全労働力のうち a の割合は R＆D 部門に配置され，$1-a$ の割合は最終財部門に配置されることになる．

第2に，内生的成長モデルの動学的性質は既存知識の生産弾力性 θ の水準に左右されるということである．このパラメータは，新たな知識を生産する上で既存の知識がいかに有用であるかを表わしている．$\theta<1$ は，新たなアイデアの生産において，既存の技術知識のストックに関して収穫逓減を意味しており，ある種の「乱獲効果（*fishing-out*）」が存在することを示唆している．この点については，後ほど振り返ることにする．

内生的成長モデルに関する最後の仮定は，これまでと同様，労働力が $n>0$ という率で成長するということである．

4.3.2 定常状態均衡

(4.6) 式より，技術知識の成長率 $g_A(t)$ は，次式で表わされる．

$$\frac{\dot{A}}{A}=g_A(t)$$
$$=Ba^\gamma L^\gamma(t)A^{\theta-1}(t)$$
$$=\frac{Ba^\gamma L^\gamma(t)}{A^{1-\theta}(t)} \tag{4.7}$$

Solow モデルと同様,$g_A(t)$ が時間を通じて一定であれば,つまり $\frac{dg_A(t)}{dt}=\dot{g}_A(t)=0$ であれば,均斉成長経路が存在する.(4.7) 式から,そのような状況は $L^\gamma(t)$ が $A^{1-\theta}(t)$ と同率で成長するときにのみ起こることが分かる.その成長率を見出すためには,(4.7) 式を時間微分して $\dot{g}_A=0$ という方程式を得る必要がある.まず,式を対数変換しよう.

$$\ln g_A = \ln B + \gamma\ln(aL) + (\theta-1)\ln A$$

続いて,両辺の時間微分をとる[1].

$$\frac{d\ln g_A}{dt}=\frac{\dot{g}_A}{g_A}$$
$$=\gamma\frac{\dot{L}}{L}+(\theta-1)\frac{\dot{A}}{A}$$
$$=\gamma n+(\theta-1)g_A$$

右辺の1行目と3行目に g_A を掛ければ,g_A が定常状態にあるための条件を次のように導出することができる.

$$\dot{g}_A = [\gamma n + (\theta-1)\ g_A^*]\ g_A^* = 0 \tag{4.8}$$

---

[1] 変数が $x(t)>0$ である場合,$\frac{\dot{x}}{x}=\frac{d\ln x}{dt}$ となることを覚えておこう.

この式から，$g_A^*=0$ または $\gamma n+(\theta-1)g_A^*=0$ であるときにのみ，$\dot{g}_A=0$ となることは明らかである．このことから，θ の水準によって均衡の種類が決まることが分かる．

Romer (1990) や Aghion and Howitt (1992) のモデルで仮定されるように，$\theta=1$ の場合は，既存知識に関して収穫は逓減せず，(4.8) 式の大括弧内はゼロにはならない．よって，こうした設定の下において存在する定常状態は $g_A^*=0$ のみである．ここで，技術知識の成長率が $g_A(t)=B(aL(t))^\gamma$ であることにも注意しておこう．総労働力の配分 a あるいは規模 L の増加による R&D 部門の労働力 $aL(t)$ の増加は，技術進歩率を上昇させるだろう．この場合，成長率の停滞は起こらない．

他方，$\theta<1$ の場合，(4.8) 式は以下のような形で満たされる．

$$\gamma n+(\theta-1)g_A^*=0$$
$$\Rightarrow \gamma n=(1-\theta)g_A^*$$
$$\Rightarrow g_A^*=\frac{\gamma n}{1-\theta}$$

ゆえに，この場合，正の定常成長率が存在し，それは R&D 部門の労働力の水準には依存しない．Jones (1995) が引き出した「半内生的 (*semi-endogenous*)」成長というこの結果には，Romer (1990) や Aghion and Howitt (1992) には存在した R&D 部門における労働力の規模の効果 (*scale effect*) は存在しない．その代り，人口成長率 n が長期的観点からは重要となる．また，1 人当たりの産出量は $\frac{Y}{L}=A(1-a)$ に等しいため，g_A^* は 1 人当たりの GDP の成長率でもある．

4.3.3 労働力の配分

これまで，各部門に配分される労働力の割合 a については説明してこなかった．均衡状態の下で，労働はどのように配分されるだろうか．労働市場が競争的，かつ労働力の移動が自由という仮定のもとでは，全ての労働者の賃金が等しくなるまで労働者は部門間を移動することになる．

最終財部門は，形式上，価格1で財を販売する1つの代表的企業によって運営される．この企業の利潤関数を次式のように仮定する．

$$\Pi^F = A(1-a)L - w(1-a)L$$

一方，労働力のみを用いる典型的なR&D企業の利潤関数については次式のように仮定する．

$$\Pi^R = P^A B(aL)^\gamma A^\theta - waL$$

ここで，P^AはR&D企業が創出する技術革新の価格である．今後，この価格は外生的に決まると仮定する．利潤最大化のための1階の条件は，次式で与えられる．

$$\frac{\partial \Pi^F}{\partial a} = -AL + wL = 0$$

$$\frac{\partial \Pi^R}{\partial a} = \gamma P^A B a^{\gamma-1} L^\gamma A^\theta - wL = 0$$

均衡では，2つの企業が支払う賃金コストは同一でなければならない．この条件を考慮すると，

$$\gamma P^A B a^{\gamma-1} L^\gamma A^\theta = AL$$

となる．この式を解くことによって，R&D部門への最適配分 a^* が次のように得られる．

$$(a^*)^{\gamma-1} = \frac{A^{1-\theta}L^{1-\gamma}}{\gamma P^A B}$$

$$\Rightarrow a^* = \left(\frac{A^{1-\theta}L^{1-\gamma}}{\gamma P^A B}\right)^{\frac{1}{\gamma-1}}$$

$$= \left(\frac{\gamma P^A B}{A^{1-\theta}}\right)^{\frac{1}{1-\gamma}} \frac{1}{L}$$

$0<\gamma<1$であるため，R＆D部門への労働力の配分は技術革新の価格P^AおよびR＆D部門の生産性Bが上昇すると増大し，Lが増加すると減少することが分かる．Lが増加するとa^*が低下する理由は，労働に関してR＆D部門は収穫逓減，最終財部門は収穫一定と仮定しているからである．Lは$n>0$という率で成長すると仮定しているため，R＆D部門の労働者は時間の経過とともに必然的に減少していくことになる．また，$\theta<1$の場合，R＆D部門は既存の技術知識のストックに関して収穫逓減であるため，Aが上昇するとa^*は低下する．しかし，$\theta=1$の場合は，a^*は知識水準には依存しない．

上記の結果に関して，a^*が技術革新の価格P^Aの増加関数であるということは重要な点である．ところで，アイデアが非競合財の場合，価格はどのように決まるだろうか．基本的には，特許の価格は社会における知的財産権の諸制度に関係している．この種の財産権が脆弱であれば，価格は低く抑えられ，R＆Dに従事する人々は減少し，企業のインセンティブも弱まるだろう．アイデアについて財産権が認められない場合のメリットとしては，特定の技術革新の使用者に独占権が及ばないため，誰でもその技術的アイデアを利用して事業を行うことができるということである．しかし，このモデルによれば，P^Aがゼロに近づくと，a^*もゼロに近づくため，新たなアイデアは生み出されなくなるかもしれない．

次節では，このモデルを拡張して，特許を生産するR＆D部門と特許を購入して独占的に中間財を生産する生産者の間で，技術革新の価格がどのように決まるかを示すことにする．

4.4 Romer モデル

本節では，Romer (1990) のモデルを詳細にみていくことにする．その狙いは，技術革新の価格 P^A を決定する要因は何か，また，独占的中間財企業が存在する特殊な市場構造がどのようにモデルに影響を与えるかについての洞察を深めることにある．簡単化のため，労働力は最終財部門においてのみ利用されると仮定する[2]．

4.4.1 3つの部門

Romer モデルでは，次のような3つの産業部門が存在すると仮定する．

- 生産要素として，労働力 L と中間資本財の両方を利用する最終財部門．

- 最終財部門で生産要素（物的資本）として使われる中間財を，労働力を使わずに生産する中間財部門．中間財生産企業は，中間財の特許をR&D部門から購入し，特許を取得した財を独占的に生産する．

- 中間財に関する特許を創出し，それを中間財生産企業に売却するR&D部門．

最終財（この経済における総産出量に等しい）は代表的企業によって生産される．この企業の生産関数は次式で与えられる．

$$\begin{aligned} Y &= L^{1-\alpha} \sum_{j=1}^{A} (X_j)^{\alpha} \\ &= L^{1-\alpha}(X_1^{\alpha} + X_2^{\alpha} + \cdots + X_A^{\alpha}) \end{aligned} \quad (4.9)$$

X_j は，耐用年数 j の中間資本財の量（例えば，X_j を機械 j の量とみなしてもよい）を表す．簡単化のため，L を定数と仮定する．この経済には，$A \geq 1$ 種類の中

---

[2] 本節の Romer モデル (*product variety model*) と次節の Schumpeter 型の成長モデルの説明は，Barro and Sala-i-Martin (2004) と類似した構成になっている．

間財が存在する．Romer モデルでは，中間財の種類の豊富さが技術の高さを表している．(4.9) 式の生産関数について留意すべき点は，中間財の限界生産物が全て次式で与えられるということである．

$$\frac{\partial Y}{\partial X_j} = \alpha L^{1-\alpha} X_j^{\alpha-1} \quad (全てのjに対して) \tag{4.10}$$

つまり，財 j の限界生産物は他のすべての中間財の投入水準と独立となる．また，中間財は相互に代替財や補完財の関係にはならないと仮定される．なお，最終財の価格を 1 と仮定する．

代表的な最終財生産者は利潤を最大化する．

$$\max_{X_1, X_2, \cdots X_A} \Pi^F = L^{1-\alpha} \sum_{j=1}^{A} (X_j)^{\alpha} - \sum_{j=1}^{A} P_j X_j$$

ここで，P_j は中間財 j の価格である．1 階の条件は次式で与えられる．

$$\frac{\partial \Pi^F}{\partial X_j} = \alpha L^{1-\alpha} X_j^{\alpha-1} - P_j = 0 \tag{4.11}$$

(4.11) 式は，企業は限界生産物価値と限界費用 P_j が等しくなる水準まで資本財 j を投入するという，周知の条件について述べている．(4.11) 式を書き換えると，最終財部門における財 j の需要関数が得られる．

$$X_j = \left(\frac{\alpha}{P_j}\right)^{\frac{1}{1-\alpha}} L \tag{4.12}$$

需要は労働力に比例して増大するが，予想されるように，中間財企業の定める価格が上昇すると減少する．

各中間財は，当該財に関する特許を T 年間保有する独占的中間財企業 1 社によって生産される．この部門では労働力は利用されない．簡単化のため，

1単位の財 j を生産するための限界費用は1と仮定する．すると，利潤関数は次式で表わされる．

$$\Pi_j^I = (P_j - 1) X_j(P_j) \tag{4.13}$$

この式には，価格決定権を有する独占者が直面するであろうトレードオフの関係が含まれている．それは，P_j を上昇させると直ちに収入は増加するが，$X'_j(P_j) < 0$ であるため需要は減少するという関係である．後で明らかになることではあるが，この段階で需要の価格弾力性（すなわち，価格の微小変化に対する需要の変化に，需要の水準と価格の比を掛けたもの）を求めておいた方が有用であろう．

$$\begin{aligned}
X'_j(P_j)\frac{P_j}{X_j(P_j)} &= -\frac{\alpha^{\frac{1}{1-\alpha}}L}{(1-\alpha)P_j^{\frac{1}{1-\alpha}+1}}\frac{P_j}{X_j(P_j)} \\
&= -\frac{X_j(P_j)}{(1-\alpha)P_j}\frac{P_j}{X_j(P_j)} \\
&= -\frac{1}{1-\alpha}
\end{aligned}$$

この結果から，需要の水準によらず，需要の価格弾力性は負の定数であることが分かる．

利潤を最大化する価格は，最大化のための1階の条件を解くことによって得られる．

$$\frac{d\Pi_j^I}{dP_j} = X_j(P_j) + P_j X'_j(P_j) - X'_j(P_j) = 0$$

これは，独占企業に関する典型的な1階の条件である．この条件を，$X_j(P_j) = X'_j(P_j)(1-P_j)$ と変形し，さらに両辺に $\frac{P_j}{X_j(P_j)}$ を掛けると，

$$P_j = X'_j(P_j)\frac{P_j}{X_j(P_j)}(1-P_j)$$

$$= -\frac{1}{1-\alpha}(1-P_j)$$

が得られる．2行目に進む際，需要の価格弾力性として導出した式を代入している．この式を P_j について解けば，独占企業の利潤最大化価格が得られる．最終的には，最適価格に対応する最終財部門の需要水準ならびに中間財部門の利潤を求めることができる．

$$P_j^* = \frac{1}{\alpha}$$

$\alpha < 1$ であるから，$P_j^* > 1$ である．つまり，独占的中間財企業は1に等しい限界費用よりも高い価格を設定するということである．ミクロ経済学の教科書では，これを「マークアップ・プライシング（*mark-up pricing*）」と呼んでいる[3]．

いま解いた P_j^* を代入すると，最終財部門の需要と中間財部門の利潤をそれぞれ次式のように求めることができる．

$$X_j(P_j^*) = \alpha^{\frac{2}{1-\alpha}} L,$$

$$\Pi_j^I = (P_j^* - 1)X_j(P_j^*)$$

$$= (1-\alpha)\alpha^{\frac{1+\alpha}{1-\alpha}} L \tag{4.14}$$

---

[3] 一般的に，この種のモデルでの競争的価格，および独占的価格 $P^* \in \{1, \frac{1}{\alpha}\}$ は，競争の程度に関して両極端な価格であるとみなされる．

(4.14) 式の解は，$X_1(P_1^*)=X_2(P_2^*)=\cdots=X_A(P_A^*)$ であることを示唆している．よって，(4.9) 式における最終財の総生産量の均衡水準は，和分記号を使わずとも，$X_j(P_j^*)$ の解の α 乗を A 倍することによって求めることができる．

$$Y^*=L^{1-\alpha}A(\alpha^{\frac{2}{1-\alpha}}L)^\alpha$$
$$=A\alpha^{\frac{2\alpha}{1-\alpha}}L \tag{4.15}$$

このことから，最終財の総生産量は中間財の種類の数 A とともに増加することが分かる．なお，Romer モデルでは，中間財の数は技術水準の高さを表わす指標になっている．

最後に，特許を生み出し，それを中間財企業に販売する R＆D 部門について説明しよう．新たな中間財の特許となりうるような新しい設計図の発明は，生産関数 $BA(t)$ によって表される．ここで，B は生産性パラメータ，A は t 時点での既存特許のストックである．生産には不確実性がないとすると，特許を取得できる新たな設計図は常に創出される[4]．これまでと同様，R＆D 企業は既存の特許に関する知識を完全に利用できると仮定する．したがって，$A(t)$ は非競合的な生産要素である．なぜなら，$A(t)$ は最終財部門でも，R＆D 部門でもどちらでも全面的に利用できるからである．他方で，知識に関しては部分的に排他的な面があり，中間財製造業者1社のみが特許を保有し，特許権を持つ財の商業的生産が認められている．ただし，R＆D 部門への参入は自由である．

R＆D 企業が発明を選択する場合，固定費用（$\eta>0$）が必要となる．固定費用は，R＆D 企業が発明の対価として請求する価格 P_j^A の決定にとって重要な要素である．

---

[4] これは，極端な単純化である．R＆D はリスクの高い企業であり，現実にはなんら結果の出ないものも頻繁に生産されている．

4.4.2 2段階法によるモデルの解

最適価格 P_j^A を見出すにあたり R & D 企業が新たな設計図の発明を選択するかどうかは最初の段階では分からないという点に留意する必要がある．必要条件は $P_j^A \geq \eta$ である．そうでない場合は，R & D 企業は何も生産しないことが賢明である．P_j^A は無論，中間財部門の支払い意欲にも依存する．

この問題は，2段階法を用いて解くことができる．

第1段階：R & D 企業が新たな財を発明するか否かを決定する．

第2段階：新たな財が発明された後，R & D 企業は中間財部門の企業 j に対して特許の対価 P_j^A をどれほど請求するかを決める．中間財企業はその特許を用いて財を生産し，その生産物を最終財部門に売却する．そして，その中間財は最終財の生産のために使用される．

こうした2段階分析の通常の方法に従って，ここでは後ろ向き推論法，すなわち第2段階から始めることにする．R & D 企業が新たな特許のアイデアを創出することを決めた場合，特許に対してどれだけの価格が請求されるべきだろうか．これは当然，中間財企業にとっての，その特許の価値に依存する．中間財企業は，T 年間に渡って特許の利用が可能であり，当該期間に独占的利潤を稼ぎ出すことになる．中間財企業の均衡利潤は，(4.14) 式で示されている．このような利潤は，T 年間に渡って生み出される．V_j で表される企業価値は，特許権が切れるまでの将来のすべての利潤の割引現在価値である．

$$V_j(0) = \sum_{t=0}^{T} \Pi_j^t \beta^t$$
$$= (1-\alpha)\alpha^{\frac{1+\alpha}{1-\alpha}} L \sum_{t=0}^{T} \beta^t \qquad (4.16)$$

ここで，$\beta \leq 1$ は時間割引因子である．β が低下すれば，明らかに企業の現在価値も低下する．簡単化のため，$\beta = 1$ と仮定すると，$V_j(0) = T(1-\alpha)\alpha^{\frac{1+\alpha}{1-\alpha}} L$

となる．

R＆D企業は，中間財企業の企業価値関数を知った上で，$P_j^A = V_j(0)$ となるように特許の対価を釣り上げていくだろう．$P_j^A > V_j(0)$ という高い対価は成立し得ない．なぜなら，そのような場合，中間財企業は特許を購入しないからである．このように，R＆D企業は中間財企業が得ることのできる利潤をすべて絞り出そうとする．

資本市場においても均衡は成立しなければならない．特許の購入にあたって，中間財企業は P_j^A 規模の投資を行う．所定の期間において，この投資から得られる収益は，利子率 $r>0$ の無リスク資産への投資によって得られる収益よりも少額であってはならない．したがって，均衡では $rP_j^A = \Pi_j^I$ が成立する．

一般均衡モデルでは，すべての市場で均衡が成立しなければならない．もし，$P_j^A > \eta$ であるとR＆D部門に新規のR＆D企業が参入するため，最終的に超過利潤は消滅する．ゆえに，均衡価格は $P_j^A = \eta$ となる．この場合，典型的なR＆D企業は第1段階において発明を選択する．それ以外のことは第2段階で生じる．

上述した条件が示唆しているのは

$$r = \frac{\Pi_j^I}{P_j^A} = \frac{(1-\alpha)\alpha^{\frac{1+\alpha}{1-\alpha}}L}{\eta} \tag{4.17}$$

ということである．この結果については，後でまた立ち返ることにする．

モデルを閉じるために，0時点の経済における全企業の市場価値が，

$$\sum_{j=1}^{A(0)} \Pi_j^I = A(0)\,T(1-\alpha)\alpha^{\frac{1+\alpha}{1-\alpha}}L$$

であることに注意しよう．

市場価値の総計は，既存の発明数 A，特許の保護期間 T，そして労働力の規模 L に比例して増加する．この市場価値が，発明の数（そして中間財企業の

数）とともに増大することは驚くべきことではない．さらに，市場価値は L とともに増大する．その理由は，最終財部門における中間資本財の投入が L に比例して増加するからである．労働投入の増加は，追加的な機械の限界生産物を増大させ，機械への需要を増加させる．

T の長さが権利の強固さを意味するという点で，T は知的財産権の効力の大きさと捉えることができる[5]．この種の権利の効力が突然弱まると，何が起こるだろうか．短期的には，この現象は不均衡の原因となり，多くの反応が呼び起こされることになる．まず，企業の市場価値 $V_j(0)$ が低下する．次に，このことはＲ＆Ｄ部門から請求される特許の対価 P_j^A が中間財企業にとって高すぎるという事態を招く．それゆえ，短期的にはＲ＆Ｄ企業は新たな発明を行わず，当部門から撤退すると考えられる．新たな均衡が成立するのは，発明に対する固定費用 η が低下した場合のみである．

$T=0$ というのは，知的財産権が存在しないということと同じである．このような世界では，どの中間財企業も対価の支払いなしで発明を利用でき，独占もマークアップ・プライシングも存在しない．このことは，短期的にプラスの厚生効果をもたらす．なぜなら，中間財価格が低下し（価格は $\frac{1}{\alpha}$ から，(4.13) 式の限界費用である 1 に低下するだろう），中間財の総需要は $\alpha^{\frac{2}{1-\alpha}}L$ から $\alpha^{\frac{1}{1-\alpha}}L$ に増加するためである．総産出量も，$Y = A\alpha^{\frac{2}{1-\alpha}}L$ から $A\alpha^{\frac{\alpha}{1-\alpha}}L$ へと増大することになる．しかし，負の効果として，A は成長しなくなるだろう．なぜなら，ある種の正の発明コスト $\eta>0$ が成立する限り，新たなアイデアを生み出すインセンティブも，販売できないという理由で起こらないからである．知的財産権の良し悪しという問題は，ここで示されたモデルにおいてはトレードオフの問題として示すことができる．つまり，財産権がなければ，独占もなくなり短期的に厚生は改善するが，長期的にはアイデアの生産が減少するということである．

---

[5] 大半の内生的成長モデルでは，T は無限であると仮定される．実際，特許は 20 年間保護されるというのが典型的である．

4.5 Schumpeter 型の成長モデル

Romer のモデルでは，新たな中間財は経済全体に正の影響を与えること，また (4.15) 式の産出量は A に比例して増大することが示された．中間財生産者の事業撤退は実際には生じない．なぜなら，彼らの生産する財に対する需要は常に存在するからである．

Schumpeter (1934) の古典的研究を基礎として，Aghion and Howitt (1992) は Romer (1990) と同じ基本的な特徴を有する別のモデルを提示した．ただ，両者の重要な相違点は，Aghion and Howitt (1992) においては，生産される財の数が一定であり，また企業間の質的競争が前提となっているということである．ある企業が質の良い新製品を生み出すと，この企業は市場全体を支配し，旧来の商品すべてを時代遅れのものにしてしまう．その部門に主導的な独占企業が存在していたとしても，もはや意味はない．Aghion and Howitt (1992) では，これを「ビジネス・スティーリング (business stealing)」と呼んでいる．

Schumpeter は，近代資本主義における企業家たちは新製品を生み出すだけでなく，本来の傾向性として，常に既存企業の超過利潤を奪うということを 1900 年代初期から既に認識していた．この現象を「創造的破壊 (creative destruction)」と呼んでいたことは，よく知られている．

Aghion and Howitt (1992) のモデルでは，総生産量は次式のように表わされる．

$$Y = L^{1-\alpha} \sum_{j=1}^{N} (q^{\lambda_j} X_j)^\alpha$$
$$= L^{1-\alpha} [(q^{\lambda_1} X_1)^\alpha + (q^{\lambda_2} X_2)^\alpha + \cdots + (q^{\lambda_N} X_N)^\alpha] \tag{4.18}$$

ここで，L は総労働力，X_j は中間資本財 j の使用量である．また，$N \geq 1$ は経済において一定とされる中間財の数である．この生産関数における新たな重要な性質は，質の指標である q^{λ_j} が組み入れられているということである．ただし，$q > 1$ とする．また，指数 $\lambda_j \geq 1$ は 1, 2, 3 … という離散的な数をとり，

4.5 Schumpeter 型の成長モデル

これは部門 j において技術革新が何度行われたかを表わしている．簡単化のため，各部門では新たな技術革新の度に質が q 倍になると仮定する．部門毎に技術革新の集約性は異なる．つまり，$\lambda_j > \lambda_{j+1}$ ということがありうるということである．したがって，λ_j は技術進歩を表わす指標と解釈される．

他の主要な相違点としては，より優れた新規の技術革新が $T_{\lambda_j} \geq 1$ 期間後に部門 j に現れると仮定されているということである．T_{λ_j} はランダムであり，ある確率分布に従って 1, 2, 3… という値をとる[6]．質的な技術革新 $q^{\lambda_j+1} > q^{\lambda_j}$ が生じると，既存の独占状態は終了する．企業はリスク中立的であり，リスクを理由に余計な事前対策はとらないと仮定される．

これら2つの点を除くと，Aghion and Howitt（1992）のモデルは Romer（1990）と同じ構造をもっている．このモデルの解は，前節と同様の段階を踏むことによって求めることができる．中間財企業は独占者であるため，マークアップ価格 $P_j^* = 1/\alpha$ を設定する．通常の利潤最大化の条件から，最新の財 j に対する最終財部門の需要は $X_j^* = L\alpha^{\frac{2}{1-\alpha}} q^{\frac{\alpha\lambda_j}{1-\alpha}}$ と表せるが，これは $q^{\frac{\alpha\lambda_j}{1-\alpha}}$ の部分を除くと（4.14）式と同じである．最終財部門の需要は，質とともに増大することに留意しよう．価格は前節のものと全く同じであるため，このような結果を予測することは容易であろう．

さて，R&D 企業は0時点において新規の技術革新を創出し，中間財企業はその特許購入の可否について検討すると仮定する．0時点における中間財企業の期待割引現在価値は，次式のように表わされる．

$$E_0(V_j) = \sum_{t=0}^{E_0(T_{\lambda_j})} \Pi_j^t \beta^t$$

$$= (1-\alpha)\ L\alpha^{\frac{1+\alpha}{1-\alpha}} q^{\frac{\alpha\lambda_j}{1-\alpha}} \sum_{t=0}^{E_0(T_{\lambda_j})} \beta^t$$

注目すべき点は，$q^{\frac{\alpha\lambda_j}{1-\alpha}}$ と $E_0(T_{\lambda_j})$ である．このモデルでは急速な技術進歩は相当数の技術革新が継続的に発生するという形で示される．このことは0時点において λ_j の値が大きく，$E_0(V_j)$ も相対的に高いことを表わす．しかし，

---

[6] Aghion and Howitt（1992）は，新たな技術革新の出現は Poisson 過程に従うと仮定している．本書では，このプロセスについては定義していない．

急激な技術進歩は独占期間の期待値が小さくなること，つまり $E_0(T_{\lambda_j})$ の値が小さくなり，企業価値が低下することを意味する．後者の効果が支配的になると，企業の参入意欲は低下するだろう．この点からすると，経済に対して創造的破壊がプラスの効果をもつかどうかは明らかではない．

4.6 技術革新か模倣かの選択

本章で示されたモデルは，いずれも世界の技術フロンティアを拡大するR＆Dに従事するのに十分な経済資源と人的資源を保有している先進国が念頭に置かれていた．しかし，世界の大半の国々ではR＆Dを推し進めることより他のどこかで開発された技術を模倣することに主眼が置かれている．本節では，Acemoglu et al (2003) に沿って，技術革新か模倣かの選択を考察するモデルを簡潔に提示する．

このモデルの基本的な考え方は，技術革新と模倣のどちらでも一国の技術知識の水準は高められるということである．社会における努力の総量を1とし，このうち $e<1$ の割合は模倣に，$1-e$ の割合は技術革新に使用されるものとする．ここで言う努力とは，労働時間，特定分野への投資，政府が推進する諸政策などである．技術革新には比較的高い水準の技能（スキル）が求められるが，模倣には必要とされない．ここで，t 時点における一国の技術的な知識水準を次式のように表す．

$$A_t = e\mu \overline{A}_{t-1} + \gamma(1-e)H_{t-1}A_{t-1} \tag{4.19}$$

技術水準 A_t は，1期前のこの国の技術水準 A_{t-1} と同じく1期前の世界の技術フロンティアの水準 $\overline{A}_{t-1}$ を利用する過程において得られるものとする．2つの項には，努力率とパラメータ $\mu, \gamma>0$ が掛けられている．これらは，一国の知識を増大させるためには模倣と技術革新がともに有用であることを表している．さらに，A_{t-1} には，その国における一般的な教育水準を捉えるための人的資本の水準 H_{t-1} が乗じられている．これは，技術革新を実現するためには模倣だけでなく技能も必要であるということを表わしている[7]．

4.6 技術革新か模倣かの選択

(4.19) 式を A_{t-1} で割り，両辺から $\frac{A_{t-1}}{A_{t-1}}=1$ を引くと，次式が得られる．

$$\frac{A_t - A_{t-1}}{A_{t-1}} = g_{t-1} = e\mu d_{t-1} + \gamma(1-e)H_{t-1} - 1$$

ここで，$d_{t-1} = \frac{\overline{A}_{t-1}}{A_{t-1}} \geq 1$ は世界の技術フロンティアからこの国がどれだけ乖離しているかを測る尺度である．仮に d_{t-1} の値が大きければ，それは模倣の方が効果的ということになる．

この国の社会計画者は，模倣と技術革新に対する努力をどのように振り分けたときに最適と考えるであろうか．最も簡単な答えは，模倣の限界生産物が技術革新の限界生産物よりも大きい場合，すなわち $\mu d_{t-1} > \gamma H_{t-1}$ であれば模倣に全ての努力を振り向け，逆の場合は技術革新に全ての努力を振り向けるというものである．この式は，技術フロンティアからかけ離れている国（つまり d_{t-1} の値が高い），あるいは人的資本の水準がそれほど高くない国の場合，技術知識の増大は模倣だけでも最適化が可能であるということを示している．この場合，$g_{t-1} = \mu d_{t-1} - 1$ である．これに対して，技術フロンティアの最前線に位置する国では $d_{t-1} = 1$ であり，模倣は不可能であるため，模倣努力の最適水準は $e=0$，したがって $g_{t-1} = \gamma H_{t-1} - 1$ となる．もし，人的資本が政府にとって選択変数であるとすると，模倣が主体の国の場合，例えば工学的技能 H_{t-1} を高めるという努力は，このモデルによれば的外れということになる．なぜなら，この種の技能は技術革新にとってのみ必要となるからである．

---

[7] 人的資本ストックを含んでいるという点で，このモデルは Acemoglu et al (2003) のモデルとは若干異なっているが，全体としては彼らの議論に沿っている．

第5章 世代重複モデル

　これまで本書で提示してきた成長モデルは，マクロ変数と利潤最大化企業が相互に連関して変動するということをどのように仮定するかを説明するものであった．それらのモデルでは，家計の通時的な振る舞いに関する分析，すなわち，1期を越えて生存し，将来に関心を持つ家計や個人が効用最大化のためにとる選択や行動については考慮されていなかった．これから説明する世代重複（OLG）モデルは，経済成長と異時間的な選択に関してミクロ（経済学）的に基礎づけられたモデルを取り入れたものであり，それは，この先の章で「馬車馬（*workhorse*）」のように働いていくことになるであろう．

　OLGモデルは，内生的な貯蓄率を得ることができるという大きな利点を持っている．Solowモデルでは，貯蓄率は単に外生的に決定されるというだけの変数であった．OLGモデルを初めて示したのはDiamond（1965）とBlanchard（1985）である．以下では，その分析を離散時間（*discrete time*）で扱うことにする．それは，連続時間の枠組みの代わりに期間 $t, t+1, t+2, \cdots$ で考えるということである．これから見ていくように，離散時間の枠組みで考えることによって，これまでに得てきた洞察に対して補完的に何かしらの知見を加えることができるであろう．

5.1　家計の最適化行動

　OLGモデルは，基本的に以下のような仮定を置く．個人は2期間生存し，その生涯の最初の期間は若年（*young*）世代に属し，その次の期間は老年（*old*）世代に属する．各々の期間において，若年世代と老年世代が同時に生存している（ゆえに，「世代重複（*overlapping generations*）」という用語が用いられる）．t 期において世代 j である個人の消費を $c_{j,t}$ で表す．ここで，$j=1$ は若年世代，$j=2$ は老年世代を意味し，$t=1, 2, 3, \cdots$ は実際に消費が行われる期間を表

す[1]．個人は1単位の労働供給を除いて何の資産も持たずに生まれる．人々は自身の消費からのみ効用を得て，将来世代に対してはわずかな金銭も残さないと仮定する．

最も一般的な場合として，t 期に生まれた個人の効用関数を次のように表そう．

$$U_t = u(c_{1,t}) + \beta u(c_{2,t+1}) \tag{5.1}$$

ここで，$\beta \leq 1$ は時間割引因子である．β が1に近いほど，個人は将来のために現在の消費を我慢することができると想定される．逆に，もし β が非常に低い場合は，その個人は将来をほとんど無視し，自分が生存する期間の中では，若いときの消費をより価値あるものと考える．この効用関数は，すべての $c_{j,t} > 0$ に対し，$u'(c_{j,t}) > 0$ かつ $u''(c_{j,t}) < 0$ であり，正でかつ強い意味での減少関数であるという通常の限界効用の仮定を満たす．加えて，$u'(c_{1,t})$ は $c_{2,t+1}$ とは独立なので，それは時間分離可能（*time-separable*）である．

図 5.1 には，効用関数とその限界効用曲線が描かれている．それらの曲線

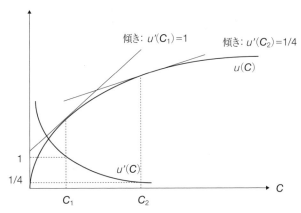

図 5.1　強い意味で凹な効用関数とそれに対応する限界効用

---

[1] したがって，例えば，$c_{2,t+1}$ は $t+1$ 期の期間内における高齢者（老年世代）の消費を表す．

がどのように関連しているかを直観的に理解するために，例えば，$u(c)$ 上で接線の傾きが1に等しい点について考えてみよう．もし $u'(c_1)=1$ ならば，接線の傾きが丁度1になる c の水準は $c=c_1$ である．c の値がさらに高いところ，例えば $c=c_2>c_1$ では，$u'(c_2)=\frac{1}{4}<u'(c_1)$ であることが分かる．本書では，c が増加すると $u(c)$ は増加するが $u'(c)$ は低下するといった具合に，効用関数に関する基本的な性質が頻繁に出てくる．したがって，この性質について今のうちに理解しておくことが肝心である．

t 期に生まれた個人は，若年期に所得 $y_{1,t}$ を，老年期に所得 $y_{2,t+1}$ を稼得する．若年期に消費しなかったものは老年期のために貯蓄することができる．そのとき，個人はその貯蓄に対して r_{t+1} の率で利子を得ると考えられる．その貯蓄は，$s_t=y_{1,t}-c_{1,t}\geq 0$ である．しかし，$s_t=y_{1,t}-c_{1,t}<0$ のように，貯蓄が負となることもありうる．その場合，最初の期間の消費のために個人は同じ利子率 r_{t+1} で借り入れを行っていることになる[2]．このようにして，老年期の消費は，

$$c_{2,t+1}=y_{2,t+1}+(y_{1,t}-c_{1,t})(1+r_{t+1}) \tag{5.2}$$

となる．

所得の項のみを右辺に残せば，通常，個人の異時点間予算制約式（*intertemporal budget constraint*）と呼ばれる式が得られる．

$$\frac{c_{2,t+1}}{1+r_{t+1}}+c_{1,t}=\frac{y_{2,t+1}}{1+r_{t+1}}+y_{1,t} \tag{5.3}$$

この式が述べていることは，個人の生涯にわたる消費の現在価値が，生涯所得の現在価値と等しくなければならないということである[3]．

---

[2] このことは完全な金融市場の存在を暗黙的に仮定している．この議論には後で立ち戻ることになる．

[3] この異時点間予算制約式は，消費が生涯賃金所得を超える（*exceed*）ことがないという意味の不等号「≤」とともに出てくることが多いが，我々は遺産贈与を考慮していないので，その条件は等号によって満たされると考える．

各々の期間において,個人はどれほど消費することが最適なのであろうか.この問題を解くために,(5.2) 式を (5.1) 式の効用関数に代入し,最大化のための 1 階の条件を求めることから始める.

$$\frac{dU_t}{dc_{1,t}} = u'(c_{1,t}) - \beta u'(c_{2,t+1})(1+r_{t+1}) = 0$$

この式を書き改めることによって,通常,Euler 方程式 (*Euler equation*) と呼ばれる次の式を得ることができる.なお,このような結果を引き出す式展開は次章以降で何度も行われることになる.

$$\frac{u'(c_{1,t}^*)}{u'(c_{2,t+1}^*)} = \beta(1+r_{t+1}) \tag{5.4}$$

この式が意味するのは,個人が最適な消費を行うには,若いときの相対的限界効用 $\frac{u'(c_{1,t}^*)}{u'(c_{2,t+1}^*)}$ を正確に $\beta(1+r_{t+1})$ に一致させなければならないということである.ここで,$c_{j,t}^*$ は最適な消費水準を表す.この式は,最適な相対的消費水準 $\frac{c_{1,t}^*}{c_{2,t+1}^*}$ についてどのようなことを示唆しているであろうか.

例えば,r_{t+1} が相対的に高く,かつ個人が将来のために今を耐え忍ぶ気持ちが強い,すなわち β が 1 に近いような場合について考えてみよう.この場合,$\beta(1+r_{t+1}) > 1$ となる可能性がある.(5.4) 式に従うと,最適な選択として,$\frac{u'(c_{1,t}^*)}{u'(c_{2,t+1}^*)} > 1$ となる消費水準が選ばれなければならない.(**図 5.1** に描かれているように限界効用は逓減するため) $u'(c_{1,t}^*) > u'(c_{2,t+1}^*)$ であることは,$c_{1,t}^* < c_{2,t+1}^*$ であることを示唆している.このように,もし,個人が忍耐強く,利子率も高いとすれば,若年期より老年期においての方が消費は多く,逆のケースもまた同様に考えることができる.

(5.1) 式のような一般的な効用関数では,残念ながら,(5.4) 式の最適条件を解釈する以上のことはできない.つまり,$c_{1,t}^*$,$c_{2,t+1}^*$ あるいは貯蓄水準のいずれかに対する明確な解を得ることができないのである.いわゆる誘導形で解を得たい場合は,より特定化した効用関数を仮定する必要がある.

5.1.1 例1：対数型の効用

通常の性質を持つ効用関数を特定する最も簡単な方法の1つは，$u(c_{j,t})=\ln c_{j,t}$という対数型の効用関数を仮定することである．$u'(c_{j,t})=\dfrac{1}{c_{j,t}}>0$, $u''(c_{j,t})=-\dfrac{1}{c_{j,t}^2}<0$ であるから，対数型の効用関数は凹関数で，個人がリスク回避的であることを意味する．このとき，Euler条件を表す（5.4）式は，単に

$$\frac{c_{2,t+1}^*}{c_{1,t}^*}=\beta(1+r_{t+1}) \tag{5.5}$$

となる．この条件から，消費の異時点間選択に対する解が誘導形として得られる．$c_{2,t+1}^*=\beta(1+r_{t+1})c_{1,t}^*$を（5.2）式の左辺に代入し，$c_{1,t}^*$について解くと

$$c_{1,t}^*=\frac{y_{2,t+1}+y_{1,t}(1+r_{t+1})}{(1+\beta)(1+r_{t+1})}$$

となる．$c_{1,t}^*$については，既に解いているので，$c_{2,t+1}$についても簡単に解くことができる．

$$c_{2,t+1}^*=\frac{\beta[y_{2,t+1}+y_{1,t}(1+r_{t+1})]}{1+\beta}$$

これらの結果からただちにいくつかの解釈が引き出される．まず，両期間における最適な消費は所得水準 $y_{1,t}$, $y_{2,t+1}$ とともに増加することが挙げられる．さらに，既に分かっていることではあるが，$c_{2,t+1}^*$が人々の忍耐強さ β や利子率 r_{t+1} とともに増大することも，この結果から得られる知見である．一方，注意すべきは，所得が一定の下での r_{t+1} の上昇は $c_{1,t}^*$ を引き下げるであろうということである．この効果は，代替効果（*substitution effect*）と呼ばれる．この場合，個人は若年期の消費を老年期の消費と代替することになる．

貯蓄の最適水準についても，次のように解くことができる．

$$s_t^* = y_{1,t} - c_{1,t}^*$$
$$= \frac{y_{1,t}\beta(1+r_{t+1}) - y_{2,t+1}}{(1+\beta)(1+r_{t+1})}$$

当然のことであるが，貯蓄は $y_{1,t}$, β, および r_{t+1} とともに増大する．しかし，他のすべてが不変ならば，$y_{2,t+1}$ の純増は貯蓄の減少につながることには注意が必要である．

5.1.2　例2：CRRA 型の効用

今度は，相対的リスク回避度一定（CRRA）という特徴をもつ関数によって個人の効用が与えられると仮定しよう．ここで，

$$u(c_{j,t}) = \frac{c_{j,t}^{1-\theta} - 1}{1-\theta}$$

かつ

$$\beta = \frac{1}{1+\rho} \leq 1$$

とする．このとき，

$$U_t = \frac{c_{1,t}^{1-\theta} - 1}{1-\theta} + \frac{1}{1+\rho}\frac{c_{2,t+1}^{1-\theta} - 1}{1-\theta} \tag{5.6}$$

となる．ここで $\rho \geq 0$ は時間割引率，θ は相対的リスク回避度に関する Arrow-Pratt の測度である．CRRA 効用関数は，θ の値に応じて，いくつもの異なる型の効用を含めることができるため，非常に有用である．$\theta < 0$ であることは，（限界効用 $c^{-\theta}$ が c の水準とともに増大するため）個人がリスク愛好的であ

ることを意味する。$\theta=0$ はリスク中立的であることを意味する。また，$\theta>0$ はリスク回避的な個人を意味する。$\theta=1$ であれば，$u(c_{j,t})=\ln c_{j,t}$ となる[4]。最もよく研究されているケースは $\theta\in(0,1)$ の場合である。

今，簡単化のため，個人は若いときに賃金所得を稼得し，老後の所得はゼロと仮定する。すなわち，$y_{1,t}=w_t$, $y_{2,t+1}=0$ である。したがって，老後において消費するためには，人々は若いうちに労働所得のいくばくかを貯蓄しておかなければならない。

$$s_t = w_t - c_{1,t} \tag{5.7}$$

老後においては，個人は前期からの貯蓄とその貯蓄から得られた利子も消費する。

$$\begin{aligned} c_{2,t+1} &= (1+r_{t+1})s_t \\ &= (1+r_{t+1})(w_t - c_{1,t}) \end{aligned} \tag{5.8}$$

この式の r_{t+1} は，これまでと同様，貯蓄に対する利子率である。

異時点間予算制約式は次のようになる。

$$c_{1,t} + \frac{c_{2,t+1}}{1+r_{t+1}} = w_t \tag{5.9}$$

(5.6) 式の目的関数と (5.9) 式の制約によって制約条件付き最大化問題が定義される。そして，それは Lagrange 関数

$$\Gamma = \frac{c_{1,t}^{1-\theta}-1}{1-\theta} + \frac{1}{1+\rho}\frac{c_{2,t+1}^{1-\theta}-1}{1-\theta} + \lambda\left(w_t - c_{1,t} - \frac{c_{2,t+1}}{1+r_{t+1}}\right)$$

---

[4] 数学的には，このことは l'Hôpital の公式を用いることによって示すことができる。

を設定することによって解くことができる[5]．ここで，λ は Lagrange の未定乗数である．

$c_{1,t}$ および $c_{2,t+1}$ についての1階の条件は，

$$\frac{\partial \Gamma}{\partial c_{1,t}} = c_{1,t}^{-\theta} - \lambda = 0$$

$$\frac{\partial \Gamma}{\partial c_{2,t+1}} = \frac{c_{2,t+1}^{-\theta}}{1+\rho} - \frac{\lambda}{1+r_{t+1}} = 0$$

であり，$c_{1,t}^{-\theta} = \lambda$，$\frac{c_{2,t+1}^{-\theta}(1+r_{t+1})}{1+\rho} = \lambda$ となるので，

$$c_{1,t}^{-\theta} = \frac{c_{2,t+1}^{-\theta}(1+r_{t+1})}{1+\rho}$$

$$\Rightarrow \frac{c_{2,t+1}^{*}}{c_{1,t}^{*}} = \left(\frac{1+r_{t+1}}{1+\rho}\right)^{\frac{1}{\theta}}$$

$$= 1 + g_{c,t} \tag{5.10}$$

と書くことができる．換言すれば，効用最大化のためには，老年期における個人の相対的消費水準は $1+g_{c,t}$ に等しくなければならない．ただし，

$$g_{c,t} = \frac{c_{2,t+1} - c_{1,t}}{c_{1,t}}$$

$$= \frac{(1+r_{t+1})^{\frac{1}{\theta}} - (1+\rho)^{\frac{1}{\theta}}}{(1+\rho)^{\frac{1}{\theta}}}$$

は t 期から $t+1$ 期にかけての消費の成長率である．注意すべきは，$g_{c,t}$ が正にも負にもなりうるということである．$g_{c,t}$ は利子率 r_{t+1} の増加関数であり，時間割引率 ρ およびリスク回避パラメータ θ の減少関数であると考えられる．

---

[5] (5.8) 式の $c_{2,t+1}$ を (5.6) 式に代入しても，$\frac{dU_t}{dc_{1,t}} = 0$ を解くことによって同じ結果が得られる．

ρ が大きくなると個人の忍耐強さが弱まり、それゆえ老後の消費が減少する. θ が 1 に近づくということは、効用関数が顕著に凹な曲線を持ち、消費の限界効用が急速に小さくなることを意味する ($\theta=1$ は $u(c_{j,t})=\ln c_{j,t}$ という意味である). そのような個人も、0 に近い θ を受け入れた場合に較べれば、将来の消費量は相対的に少なくなるであろう.

(5.10) 式の結果はしばしば「離散時間型 Ramsey (*discrete Ramsey*)」の結果といわれる[6]. この先の節では、それが重要な役割を演じるであろう. 成長率が正であるための条件は、$r_{t+1}>\rho$ である点に注意せよ. r_{t+1} に関する式を導出することが次の段階である.

5.2 内生的貯蓄

本節では、モデルを拡張して、要素市場を含めることにする. まずは、(5.7) 式、(5.8) 式および (5.10) 式から

$$\frac{c^*_{2,t+1}}{c^*_{1,t}}=\frac{(1+r_{t+1})s_t}{(w_t-s_t)}$$
$$=1+g_{c,t}$$

となることが分かる. これより,

$$(1+r_{t+1})s_t+(1+g_{c,t})s_t=(1+g_{c,t})w_t$$

となるので,

---

[6] 有名な Ramsey (1928) の成長モデルは通常、連続時間の枠組みの中で設定されており、動的計画法を含んでいる. このモデルの詳細な取扱いについては Barro and Sala-i-Martin (2004) を見よ.

$$s_t = \frac{(1+g_{c,t})w_t}{2+r_{t+1}+g_{c,t}}$$

$$= \frac{w_t}{(1+r_{t+1})/(1+g_{c,t})+1}$$

であることが示される．これに，(5.10) 式の $1+g_{c,t}$ を代入すると，

$$s_t = \frac{w_t}{(1+r_{t+1})^{\frac{\theta-1}{\theta}}(1+\rho)^{\frac{1}{\theta}}+1} \tag{5.11}$$

が得られる．このように，($\theta<1$ であるから) 貯蓄は w_t と r_{t+1} の増加関数であると考えられる．この段階ではいずれの変数も未知である．しかし，この分析において企業の行動も考慮に入れれば，w_t と r_{t+1} についても求めることができるかもしれない．当然のことながら，貯蓄は時間割引率 ρ が大きくなると減少する．

5.2.1 企 業

企業の生産は，標準的な新古典派の総生産関数に従うものとする．

$$Y_t = F(K_t, L)$$

ここで，

$$\frac{Y_t}{L} = f(k_t)$$

かつ

$$Y_t = Lf(k_t)$$

である.労働と資本に対しては,その限界生産物が支払われると仮定すると,

$$r_t = \frac{\partial Y_t}{\partial K_t}$$
$$= Lf'(k_t)\frac{1}{L}$$
$$= f'(k_t)$$

$$w_t = \frac{\partial Y_t}{\partial L}$$
$$= f(k_t) - Lf'(k_t)\frac{K_t}{L^2}$$
$$= f(k_t) - f'(k_t)k_t$$

となる.さらに,$t+1$ 期の期首における資本ストックの総量は s_t (t 期の期間中の個人の貯蓄)と個人の人数 L の積に等しく,$K_{t+1} = s_t L$ となる[7].このことは $k_{t+1} = s_t$ を意味する.

5.2.2 定常状態

r_{t+1} と w_t に関して得られた上の条件を (5.11) 式に代入し,$k_{t+1} = s_t$ であることを考慮すれば,

---

[7] Solow モデルにおいて $\dot{K} = sY - \delta K$ という式が使われていたことを思い出そう.離散時間ではこの等式は $K_{t+1} - K_t = sY_t - \delta K_t$ となるだろう.ここで sY は経済における貯蓄の総量である.一方,本文では,総貯蓄は $s_t L$ であり,$\delta = 1$ となるように各々の期間での完全減耗を暗黙的に仮定している.ゆえに,$K_{t+1} = s_t L$ となる.

$$k_{t+1} = \frac{f(k_t) - f'(k_t)k_t}{[1+f'(k_{t+1})]^{\frac{\theta-1}{\theta}}(1+\rho)^{\frac{1}{\theta}} + 1}$$

と書くことができる．この式は一般的な形式で書かれており，k_{t+1} を k_t の関数として示しているものの，そこから得られる情報はあまり多くない．それゆえ，2つの仮定が追加される．第1に，生産関数 $f(k_t)$ は Cobb-Douglas 型，すなわち，$f(k_t) = k_t^\alpha$ とする．第2に，これまでと同様，効用関数が対数型となるよう $\theta = 1$ と仮定する．

これら2つの仮定を加えることにより，k_{t+1} の方程式は大幅に簡単化される．

$$\begin{aligned}
k_{t+1} &= \frac{k_t^\alpha - \alpha k_t^\alpha}{(1+\alpha k_{t+1}^{\alpha-1})^0 (1+\rho)^1 + 1} \\
&= \frac{k_t^\alpha (1-\alpha)}{2+\rho} \\
&= s_t
\end{aligned} \tag{5.12}$$

定常状態では，$k_{t+1} = k_t = k^* = s^*$ でなければならない．したがって，

$$\begin{aligned}
k^* &= \frac{(k^*)^\alpha (1-\alpha)}{2+\rho} \\
\Rightarrow k^* &= \left(\frac{1-\alpha}{2+\rho}\right)^{\frac{1}{1-\alpha}}
\end{aligned}$$

となる．ここで留意すべきことは，これが Solow モデルにおいて導出された k の定常状態と同等なものであるということである．大きな違いは，ここでは個人の選好を明示的に考慮しているため，式の中に ρ が含まれているという点である．(5.10) 式の消費の成長率と同様に，ρ が高くなると k^* は減少すると考えられる．ゆえに，個人が忍耐強くなると ρ が低下し，資本ストッ

クの定常状態の水準は高まる．さらに，1人あたりの産出の均衡水準が

$$y^* = (k^*)^\alpha = \left(\frac{1-\alpha}{2+\rho}\right)^{\frac{\alpha}{1-\alpha}}$$

となることも簡単に示される．

5.3 内生的成長

OLG モデルから得られたひとつの重要な結果は，消費の最適な異時点間成長率が

$$\frac{c_{2,t+1} - c_{1,t}}{c_{1,t}} = g_c^* = \left(\frac{1+r_{t+1}}{1+\rho}\right)^{\frac{1}{\theta}} - 1$$

によって与えられるということである．

OLG モデルにおいては，r_{t+1} が上述の式の中に見出される．今度は，OLG モデルではなく，第 4.4 節の Romer の R＆D モデルが描く世界を想定してみよう．ただ唯一の例外は，第 5.1 節の OLG モデルのように，家計の最適化行動についても特定化しているという点である．(4.17) 式から思い出すべきことは，Romer の R＆D モデルの一般均衡においては，T 年間存続する特許権を P_j^A の投資によって購入し，それを用いて中間財を生産する企業の年間利潤の水準 Π_j^I が，資本市場で同額の投資から得られる無リスクの年間収益 rP_j^A と等しくなければならないということである．さらに，R＆D 部門の企業は特許使用料として価格 $P_j^A = \eta$ を請求するが，その η は特許開発の費用であったことも思い出そう．Romer モデルの一般均衡は次のことを示唆している．

$$\Pi_j^I = (1-\alpha)\alpha^{\frac{1+\alpha}{1-\alpha}}L = rP_j^A = r\eta$$

　この式を r について解き，消費の最適な異時点間成長率の式に代入すれば，Romer モデルの最適消費の定常状態の成長率を次式のように表すことができる．

$$g_c^* = \left(\frac{1+\dfrac{1}{\eta}(1-\alpha)\alpha^{\frac{1+\alpha}{1-\alpha}}L}{1+\rho}\right)^{\frac{1}{\theta}} - 1$$

この成長率は，労働者の数 L とともに増大する．前章で説明したように，Romer モデルにおけるこの「規模の効果 (*scale effect*)」は，労働者が多くなると中間財に対する需要が大きくなることに起因するものである．特許開発の費用 η が増大すると，この成長率は低下すると考えられる．これまでと同様，個人の行動に関するパラメータ θ や ρ の水準が上昇すると，この成長率は低下する．

　上の式が示唆するところによると，この成長率は

$$\frac{1}{\eta}(1-\alpha)\alpha^{\frac{1+\alpha}{1-\alpha}}L > \rho$$

であるときに限り $g_c^* > 0$ となる．この点にも留意しておこう．人々が概して忍耐強くないため ρ が高く，さらに発明の費用 η も高い場合には，正の成長のためのこの基準は満たされない可能性がある．さらに，この条件式は，消費の成長が実行可能な経路であるためには，R＆D のためにある程度の人口規模が必要であるということも示している．

第2部

短期・中期

The Short and Medium Run

第6章 均衡景気循環

　ここで，長期から，5年より短い期間を意味する短期および中期に視点を切り替えてみよう．長期的な成長率は数十年にわたる平均成長率を指すが，短期的にみれば，GDPには相当な周期的変動が起こりうる．これは，景気循環 (*business cycles*) と呼ばれている．実物的景気循環 (*real business cycles*：RBC) の理論については，Kydland and Prescott (1982) や Long and Plosser (1983) が主要な文献として挙げられる．また，Rebelo (2005) が実物的景気循環論を概括しているので，そちらも参考にされたい．

　初期のRBCモデルは，ある面，景気循環が整然とした循環パターンを辿っているようには見えなかったことを示す実証データからひらめいたものであった．それに加えて，市場の失敗を，たとえば，賃金の硬直性のようなかたちで強調するKeynes派の説明には満足のいかないものがあった．さらに，Keynes派の理論はミクロ（経済学）的基礎付けを欠いていた．つまり，そのモデル構築は最適な選択を行う個人の意思決定に基づいてはいなかったのである．そこで，Keynes派のモデルの代わりとして，RBCモデルは個人の行動に基づく別の枠組みを提案した．このモデルによれば，経済の循環変動を引き起こす原動力は，たとえば，Keynes派の理論が強調するような名目的 (*nominal*) あるいは貨幣的 (*monetary*) 効果というよりもむしろ，技術的な変化や政府支出によって引き起こされる実物的 (*real*) ショックである．従来のモデル構築と異なるもう1つの点は，最適化行動をする個人の効用関数に余暇を導入したということである．この新しいアイデアによって，労働供給の異時点間代替に関する洞察を引き出すことができるようになったのである．

6.1　生産に対する技術的ショック

　経済の総生産量は，Cobb-Douglas型生産関数に従って生産されると仮定

しよう．

$$Y_t = K_t^{\alpha}(A_t L_t)^{1-\alpha} \tag{6.1}$$

ここで，K_t は物的資本の総量，A_t は技術に関する知識の水準，L_t は労働を表す．さらに，簡単化のため，K_t は外生的であると仮定しよう．それによって，$K_t = K$ となる．一方，労働は $L_t = N_t l_t$ によって内生的に決まるものとする．ただし，N_t は労働人口の大きさ，l_t は各労働者が供給する労働時間の長さを表す．ここでも，簡単化のため，$N_t = N$ としよう．これにより，L_t を決定する要因は l_t となる．これらの簡単化の結果，(6.1) 式を対数形式で表わすと，次のように書くことができる．

$$\begin{aligned}\ln Y_t &= \alpha \ln K + (1-\alpha)\ln N + (1-\alpha)(\ln l_t + \ln A_t) \\ &= \Omega + (1-\alpha)(\ln l_t + \ln A_t)\end{aligned} \tag{6.2}$$

ただし，Ω は外生的な項をまとめたものである．この式から，生産量を変動させる要因は労働時間 l_t および技術 A_t であると考えられる．

技術に関する知識の蓄積は次の過程に従うと仮定される．

$$\ln A_t = \bar{A} + gt + \tilde{A}_t \tag{6.3}$$

この式の中で，$\bar{A}$ は技術の初期水準，g は（Solow モデルのような）技術知識の趨勢的な成長率，t は時間，$\tilde{A}_t$ は趨勢に対する確率的ショックを表す．さらに，確率項に関しては，次のように決定されると仮定しよう．

$$\tilde{A}_t = \rho_A \tilde{A}_{t-1} + \epsilon_t \tag{6.4}$$

ここで，$\rho_A \in (0, 1)$ は現在の水準に対する過去のショックの影響の度合いを表すパラメータであり，ϵ_t はすべての t について $E(\epsilon_t) = 0$ となる誤差項である．正の技術ショックとしては，たとえば，劇的に改良された新しいコン

ピュータ・プログラムの突然の出現であるとか，あるいは，輸送技術の飛躍的な進歩などが考えられる．一定期間，既存の技術の導入が予想外に滞るならば，趨勢的な成長に対する負の技術ショックも起こり得るだろう．

$\tilde{A}_t$ は1期前の水準に依存すると仮定しているが，これを専門用語を用いて言えば，上で述べた確率項は1次の自己回帰過程（AR(1)）に従う，となる．(6.4) 式を (6.3) 式に代入すると，

$$\ln A_t = \bar{A} + gt + \rho_A \tilde{A}_{t-1} + \epsilon_t$$

が得られ，その期待値は，

$$E(\ln A_t) = \bar{A} + gt + \rho_A \tilde{A}_{t-1}$$

となる．したがって，A_t の期待成長率は g である．

生産量に及ぼす影響について調べるために，たとえば，第1期において，$\epsilon_1 = \bar{\epsilon} > 0$ となる正の技術ショックが起こり，$\epsilon_2 = \epsilon_3 = 0$ であると想定してみよう．ただし，$\tilde{A}_0 = 0$ であるとする．この場合，$\tilde{A}_1 = \bar{\epsilon}$，そして，$\tilde{A}_2 = \rho_A \bar{\epsilon}$ である．第3期には，$\tilde{A}_3 = \rho_A(\tilde{A}_2) = \rho_A^2 \bar{\epsilon}$ となる．それゆえ，技術に関する知識の水準は，$\ln A_3 = \bar{A} + 3g + \rho_A^2 \bar{\epsilon}$ となる．第3期において，なお，第1期のショックが $\rho_A^2 \bar{\epsilon}$ の分だけ残っている．$0 < \rho_A < 1$ であるから，時間が経つにつれて，ショックによる影響はゼロに近づく．

最後に，(6.2) 式から，正のショックがある場合，それがない場合と較べると，第3期の総生産量は $(1-\alpha)\rho_A^2 \bar{\epsilon} > 0$ の分だけ高くなることが分かる．このことから，正の技術ショックは景気循環の上昇要因になると推察される．

6.2 労働需要

技術ショックに関する重要な結果のひとつは，それが労働市場に影響を及ぼすということである．(6.1) 式の生産関数に従う経済の中で生産活動を行い，生産した財を価格 P_t で販売する代表的な企業 i を想定してみよう[1]．簡単

化のため，価格は1に等しいとしよう．つまり，$P_t=1$ である．労働市場は競争的で，労働者たちは労働の限界生産物（marginal product of labor）が市場の賃金率 w_t に等しくなるところまで雇用されている．この代表的企業の利潤関数は，

$$\Pi_t^i = (K_t^i)^\alpha (A_t L_t^i)^{1-\alpha} - w_t L_t^i - r_t K_t^i \tag{6.5}$$

である．ただし，K_t^i は時点 t において企業 i が保有する物的資本，L_t^i は企業 i が雇用している労働，A_t はすべての企業が利用可能で非競合的な技術，そして，r_t は資本のレンタル率を表す．

労働に関する利潤最大化の1階の条件は，

$$\frac{\partial \Pi_t^i}{\partial L_t^i} = (K_t^i)^\alpha A_t^{1-\alpha} (1-\alpha)(L_t^i)^{-\alpha} - w_t = 0$$

である[2]．ここで，中辺第1項が労働の限界生産物である．項を整理すれば，企業 i の労働需要 $L^{i,D}$ の式が得られる[3]．

$$L_t^{i,D} = K_t^i \left(\frac{(1-\alpha) A_t^{1-\alpha}}{w_t} \right)^{\frac{1}{\alpha}} \tag{6.6}$$

この式からただちに明らかになることは，A_t を増大させる正の技術ショックによって労働需要が増加するということである．逆に，負の技術ショックは

---

[1] 代表的な個人の効用関数が，経済学的な観点からみた行動の理想的なタイプを表すのと丁度同じように，「代表的（representative）」な企業とは，企業行動の理想的なタイプを特徴付けるものであるととらえるべきである．いうまでもなく，現実においては，決して，すべての企業が完全に利潤を最大化しているわけではない．

[2] もし，2次の偏導関数が $\frac{\partial^2 \Pi}{\partial L_t^2} < 0$ を満たすならば，最大化のための2階の条件は満たされている．そして，その条件は，この場合，確かに真である．

[3] 労働需要の総量は $\sum_i L_i^{i,D} = \left(\frac{(1-\alpha) A_t^{1-\alpha}}{w_t} \right)^{\frac{1}{\alpha}} \sum_i K_t^i = \left(\frac{(1-\alpha) A_t^{1-\alpha}}{w_t} \right)^{\frac{1}{\alpha}} K_t$ となると考えられる．ここで，K_t は経済にある資本ストックの総量を指す．

労働需要を減少させると考えられる．企業 i の資本ストック K_t^i は労働の限界生産物を高めるため，資本ストックの増加も労働需要を増加させるだろう．

RBC モデルでは，市場経済は完全に機能しており，そこでは，すべての市場が均衡すると想定される．したがって，このような経済では，労働需要の増加は（労働時間 l_t で測った）総雇用の増加を意味する．こうした技術ショックと雇用の間の正の関係性について，実証研究の領域においても幅広い議論が行われている．

6.3 家　計

労働供給は家計によって決定される．その際，家計は，トレードオフ関係に直面する．すなわち，より多く働けば，より多くの所得が得られ，より高い消費が実現するが，その代わり余暇が削られる．ここからは，余暇も個人の効用水準を決定する要因であると仮定しよう．2期間生存し，消費と余暇から効用を得る個人の生涯効用は，次の関数によって与えられる．

$$U = U(c_1, c_2, 1-l_1, 1-l_2)$$
$$= \ln c_1 + b\ln(1-l_1) + \beta[\ln c_2 + b\ln(1-l_2)] \tag{6.7}$$

ここで，c_t は第 $t=\{1,2\}$ 期の消費，l_t は第 t 期の労働時間，$b>0$ は余暇の相対的ウェイト，そして，$\beta \leq 1$ は時間割引因子である．なお，簡単化のため，最大労働時間を1に基準化している．これによって，余暇の時間は $1-l_t$ に等しくなる．

第2期のために，第1期の消費は倹約されるかもしれない．そして，個人は，各期間，賃金 w_t で働く．それゆえ，第2期の消費は，それまでの貯蓄と第2期の労働所得の和となる．

$$c_2 = (1+r)(w_1 l_1 - c_1) + w_2 l_2$$

なお，個人は，貯蓄（$w_1 l_1 - c_1$）に掛かる（実質）利子率 r を受け取ってい

る．上の等式を書き改めると，次の異時点間予算制約式が得られる．

$$c_1 + \frac{c_2}{1+r} = w_1 l_1 + \frac{w_2 l_2}{1+r} \tag{6.8}$$

(6.7) 式と (6.8) 式を使えば，個人の最適化問題は Lagrange 関数として，次のように設定することができる．

$$\Gamma = \ln c_1 + b \ln(1-l_1) + \beta[\ln c_2 + b \ln(1-l_2)] + \lambda \left(w_1 l_1 + \frac{w_2 l_2}{1+r} - c_1 - \frac{c_2}{1+r} \right)$$

労働供給 l_1 と l_2 をこの最適化問題の選択変数としよう．1階の条件は，

$$\frac{\partial \Gamma}{\partial l_1} = -\frac{b}{1-l_1^*} + \lambda^* w_1 = 0 \tag{6.9}$$

$$\frac{\partial \Gamma}{\partial l_2} = -\frac{b\beta}{1-l_2^*} + \frac{\lambda^* w_2}{1+r} = 0 \tag{6.10}$$

となる．(6.9) 式と (6.10) 式を λ^* について整理すると，

$$\lambda^* = \frac{b}{(1-l_1^*) w_1}$$
$$= \frac{b\beta(1+r)}{(1-l_2^*) w_2}$$

となる．次に，b を消去すれば，

$$\frac{1-l_1^*}{1-l_2^*} = \frac{1}{(1+r)\beta} \frac{w_2}{w_1} \tag{6.11}$$

が得られる．(6.11) 式が表しているものは，効用が最大になるときの第 1 期の余暇の相対値である．l_1^* および l_2^* に関する明確な解を得ることは不可能であるから，ここから先は，(6.11) 式を用いて外生的ショックの効果を分析しなければならない[4]．

まずは，相対賃金 $\frac{w_2}{w_1}$ の下落が生じることが事前に判明した場合を想定してみよう．そのような場合は，最適化のために $\frac{1-l_1^*}{1-l_2^*}$ も低下しなければならない．それは，相対的な労働供給 $\frac{l_1^*}{l_2^*}$ が上昇しなければならないことを意味する．換言すれば，第 2 期の相対賃金の下落は，個人が第 1 期により多く働くであろうことを意味し，それゆえ (6.2) 式の総生産量の一時的な増加がもたらされるのである．

もうひとつの例として，実質利子率 r の上昇を考えてみよう．相対賃金の下落の場合と同じように，実質利子率の上昇は第 1 期の相対的な労働供給 $\frac{l_1^*}{l_2^*}$ を増加させるにちがいない．直観的には，(第 1 期の消費だけが倹約できるため) r の上昇は第 1 期の労働所得の相対的価値を上昇させることが分かる．そして，そのことが労働供給の異時点間代替を促し，結果として第 1 期により多く働くようになるのである．実物的ショックに対するこうした合理的な反応は，第 1 期における総所得 Y_t の急激な増加をも引き起こす．

上の 2 つの例が示しているように，RBC モデルはしばしば複雑すぎて解析的に解くことができない．それゆえ，RBC モデルの研究者たちは，より高度なシミュレーション法を用いるのである．そのシミュレーションでは，現実的なパラメータ値を当てはめてから，実物的ショックについての分析が行われる．

---

[4] 陰関数の法則を用いていれば，(6.11) 式に基づく通常の比較静学分析が実行できたかもしれない．しかしながら，ここでは，敢えて，通常とは異なるアプローチに固執することにしよう．

第7章 金融危機

　前章で論じた基本的な実物的景気循環モデルでは，金融市場を含むすべての市場が効率的であると仮定されていた．その理論に従えば，金融部門だけを分離してモデル化することには意味がないということになる．しかし，2008年の秋に世界経済を襲った深刻な金融危機によって，金融市場は効率的であるという仮説が疑わしくなったように思われる．それどころか，金融危機において繰り返し起きていることは，銀行取付け（*bank runs*）であるように見える．銀行取付けとは，多くの預金者が同時に貯蓄を引き出すことを指し，それによって銀行は支払い不能な状態に陥ったり，倒産したりする可能性が高まる[1]．一国の銀行制度全体が破綻の際（きわ）にあるとき，最悪の場合，それは世界的な金融危機をも引き起こしかねない[2]．それが経済成長や財政収支等に及ぼす影響は，概して非常に大きく，通常の景気循環の下降局面程度では済まないと考えられる（Reinhart and Rogoff 2009a, b）．

　本章では，Chang and Velasco (2001) の銀行取付けモデルを紹介する．それは Diamond and Dybwig (1983) を基に構築されたモデルであり，開放経済とかなり高度な金融部門をもつ「新興市場（*emerging market*）」を描写することを意図したモデルである．また，最近の出来事は，アメリカの置かれている状況を説明する際にも，このモデルが役に立つかもしれないということを示唆している．

---

[1] 最近の有名な金融組織の失敗例は，もちろん 2008 年 9 月の Lehman Brothers の破綻である．
[2] 最近の例として，1991 年のスウェーデン，2008 年のアイスランドなどがある．いくつかの例外はあるが，2008 年の金融危機は歴史のある大手行の全般的な銀行取付けまでには至らなかった．これは主に，政府の後押しによる様々な貸し手保証政策によるところが大きいと思われる．

7.1 銀行取付けモデルの基本的仮定

同一タイプの主体が数多く存在する開放経済を考えよう．世界市場において自由に取引できる財が1つ存在し，それは消費または投資のために使うことができるものとしよう．簡単化のため，世界市場で取引される財の価格は1（ドル）に固定されているとする．3つの期間，$t=0, 1, 2$ が存在するこのモデルは，以下の基本的な仮定から成り立っている．

- 国内の個人は，$e>0$ ドルの初期賦存を持って生まれる．

- 国内の個人は，$t=0$ 期において，無リスクの投資プロジェクトに1ドル投資する．この投資に関しては，$t=1$ 期に清算すれば $r<1$ が得られ，$t=2$ 期まで待てば $R>1$ が得られるものとする．このような投資プロジェクトは非流動的 (*illiquid*) とみなされる．というのは，第1期という早い段階で清算した場合，$1-r$ ドルの損失が生じるからである．

- 国内の個人は，投資を行うこともできるし，ゼロ金利で国際資本市場から借り入れを行うこともできる．ただし，借入限度額は $f>0$ である．これは国内的に課された信用制限とみなすことができよう．

- 個人は，確率 ρ で「忍耐力なし（*impatient*）」であり，この場合，第1期においてのみ消費を行う．また，確率 $1-\rho$ で「忍耐力あり（*patient*）」であり，この場合，第2期の消費からのみ効用を得る．各々の個人がどちらのタイプであるかは，私的情報である．

- c_1 は忍耐力なしの個人であった場合の第1期における消費を表す．c_2 は忍耐力ありの個人であった場合の第2期における消費を表す．

CRRA（相対的リスク回避度一定）選好を持ち，時間割引率を持たない代表的個人の期待効用は，次式で与えられる[3]．

$$U = \rho \frac{c_1^{1-\theta}}{1-\theta} + (1-\rho) \frac{c_2^{1-\theta}}{1-\theta} \tag{7.1}$$

　国際市場での借り入れ可能限度額 f だけでなく，初期賦存 e の全額を無リスクのプロジェクトに投資する忍耐力ありの個人は，第2期に $eR+f(R-1)$ の消費を行う．明らかに，自分は忍耐力なしと認識している個人のみが，国内のプロジェクトよりもむしろ世界市場での投資を選択する（なぜなら，この選択によって彼らは，$c_1=er$ ではなく，$c_1=e$ が得られるからである）．

7.2　銀　行

　個人のタイプは私的情報であるため，人々はリスクと資金を共有することに関心を持つ．そのため，彼らは代表的個人の効用を最大化することを目的に，全ての資源を共同で管理する銀行を設立する．個人は，第1期あるいは第2期のどちらでも，消費のための資金を引き出すことができる．銀行による投資プロジェクトへの（預金者1人あたりの）投資総額は $k>0$ である．さらに，銀行は国際資本市場から資金を借り入れることが可能である．d を第0期における預金者1人あたりの「長期（*long-term*）」借入額，b を第1期における借入額とし，ともにそれらは第2期において返済されるものとする．外国から資金を借り入れて国内で投資すると利益が生じるため，常に $d+b=f$ が成立する．第1期での消費を望む忍耐力なしの個人が多数であれば，銀行はその時点で投資プロジェクトの一部を清算する必要がある．$l<k$ はこの清算の規模を表す．

　当該モデルにおけるイベントのタイミングは次の通りである．

- $t=0$ のとき：個人は銀行に e を預金し，銀行は国際市場から d を調達する．銀行はこれらの資金を長期プロジェクトへ投資する．それゆえ，投

---

[3] この効用関数は，個人を確率 ρ で忍耐力なし，確率 $1-\rho$ で忍耐力あり，と特徴づけているとみなすことができよう．

資額は $d+e=k$ となる.

- $t=1$ のとき：平常時の場合，預金者のうち ρ の割合が銀行から c_1 を引き出す．この引き出しを埋め合わせるために，銀行は国際市場から追加的に b を借り入れ，$\rho c_1 = b + rl$ となるようにプロジェクトの一部を損失として清算する．平常時ではない場合，つまり銀行取付けが起こるかもしれないという場合は，全ての預金者が自分たちの資金を引き出すであろう．

- $t=2$ のとき：清算されなかったプロジェクト（$k-l$）は収益 R を生む．この額は，借入資金 $b+d=f$ の返済額と，忍耐力ありの消費者が引き出す資金を合わせた額を満たすのに十分な大きさでなければならない．つまり，$R(k-l)=(1-\rho)c_2+d+b=(1-\rho)c_2+f$ である．なお，人々が長期的に投資したいと思う「誘因両立制約（incentive compatibility constraint）」は，$c_2 \geq c_1$ である.

社会的な最適水準 c_1^*, c_2^*, l^*, すなわち忍耐力ありの個人となしの個人の厚生を統合したものを最大化する問題の解とは何だろうか．まず最初に，早い段階での清算には損失がともなうということを想起しよう．すなわち，l の社会的最適水準は $l^*=0$ でなければならないということである[4]．それゆえ，第 1 期においては，$\rho c_1^* = b$ となる．この場合，忍耐力なしの預金者が引き出す消費のための資金を，銀行は国際的借り入れによって調達する．第 2 期においては，$(1-\rho)c_2^*+f=Rk$ となる（$l^*=0$ を思い出そう）．

次に，この式を異時点間予算制約式に書き換えよう．まず，次のように変形する.

---

[4] 今後，アスタリスク（*）は，社会的に最適な水準を意味するものとしよう.

$$
\begin{aligned}
(1-\rho)c_2^* &= Rk-f \\
&= R(d+e)-f \\
&= R(f-b+e)-f \\
&= R(f-\rho c_1^*+e)-f
\end{aligned}
$$

さらに，c_1^* と c_2^* が左辺にくるように書き直せば，次式が得られる．

$$
\begin{aligned}
R\rho c_1^*+(1-\rho)c_2^* &= R(f+e)-f \\
&= Re+f(R-1) \\
&= Rw \tag{7.2}
\end{aligned}
$$

ただし，

$$
w = e + \frac{f(R-1)}{R}
$$

とする．w は，個人の初期賦存と投資による収益の和を表しており，初期時点における経済の（1人あたりの）富と解釈される．それはまた，個人の効用最大化における予算制約でもある．

(7.2) 式のもとで効用関数 (7.1) 式を最大化するために，Lagrange 関数を設定する．

$$
\Gamma = \rho\frac{c_1^{1-\theta}}{1-\theta}+(1-\rho)\frac{c_2^{1-\theta}}{1-\theta}+\lambda[Rw-R\rho c_1-(1-\rho)c_2]
$$

ここで，λ は通常の Lagrange 乗数である．1 階の条件は次式で与えられる．

$$\frac{\partial \Gamma}{\partial c_1} = \rho c_1^{-\theta} - \lambda R \rho = 0 \tag{7.3}$$

$$\frac{\partial \Gamma}{\partial c_2} = (1-\rho) c_2^{-\theta} - \lambda (1-\rho) = 0 \tag{7.4}$$

この最大化問題の解は,次の手続きによって求めることができる.まず,(7.3)式と(7.4)式の両式から,消費の均衡条件,$\frac{c_2^*}{c_1^*} = R^{\frac{1}{\theta}}$が与えられる.そして,$c_1^*$の値を予算制約(7.2)式に代入すると,誘導形の均衡消費水準が得られる[5].

$$\rho c_1^* = \alpha w, \quad (1-\rho) c_2^* = wR(1-\alpha) \tag{7.5}$$

ここで

$$\alpha = \left(1 + \frac{1-\rho}{\rho R^{\frac{\theta-1}{\theta}}}\right)^{-1} < 1$$

である.両期間の最適消費水準が,富の水準 w に依存するということは驚くにあたらない.また,その富が初期賦存 e および国際的信用制限 f とともに直線的に増加することも,(7.2)式から分かる.

この段階で,留意しておくべき重要な点は,早すぎる清算は起こらない,つまり $l^*=0$ が社会的に最適な状況ではあるが,多くの預金者が第1期に預金を引き出してしまうと,損失を伴う清算が実際には生じかねないということである.次節では,こうした点について詳しく分析することにしよう.

---

[5] この計算は少し煩雑であるので,学生の練習問題とする.

7.3　銀行取付け均衡

　銀行は，預金者と次のような契約を結んでいると想定する．第0期において預金者は，初期賦存 e および海外からの借入能力，すなわち b と d を銀行に委ねるとする．その見返りとして，個人は消費のために第1期に c_1^* 単位，あるいは第2期に c_2^* 単位の資金の引き出しができる．ここで分析しようとしているのは，忍耐力ありの個人も何らかの理由で第1期に資金を引き出すことを選択し，それが銀行取付けを引き起こす危険性を高めてしまうというシナリオである．そのような状況では，社会的に最適ではないとしても，銀行はプロジェクトの一部（$l>0$）を清算する必要に迫られる．

　いかなる場合であろうとも対外負債は返済されなければならないという意味で，銀行はより厳しい予算制約に直面することになる．それは，投資プロジェクトが，第2期において少なくとも第0期と第1期の借入を返済するのに十分な収益を上げなければならないということを意味する．すなわち，$R(k-l)=b+d=f$ である．この式を書き換え，(7.5)式を考慮すると，銀行が第1期において清算することができる最大水準は，次式のように表わすことができる．

$$\begin{aligned} l^+ &= \frac{Rk-f}{R} \\ &= \frac{(1-\rho)c_2^*}{R} \\ &= w(1-\alpha) \end{aligned} \tag{7.6}$$

　ここで，信用不安が発生して，第1期に全ての預金者が資金の引き出しに殺到したと想定しよう．銀行は契約に従って，各々に c_1^* を払い戻す．このとき，銀行はいつまでそうした支払いを続けることができるだろうか．

　その答えは，（1人あたりの）引出し額が，銀行の総清算額 $b+rl^+$ に達し得るまで，である．要するに，この水準は銀行にとって短期的に提供可能な現

金資産の最大値である．もし預金の引き出しが，短期の対外借入 b とプロジェクトの（時期尚早の）清算価値の達成可能な最大値 rl^+ の和を超過してしまうならば，銀行は支払不能に陥り，閉鎖に追い込まれることになる．その場合，第 1 期に対外借入は全額返済されるため，忍耐力なしの個人と，一部の忍耐力ありの個人は資金を取り戻せるかもしれないが，多くの忍耐力ありの個人は貯蓄を失うことになる．

特別なケースとして，全ての個人が第 1 期に自らの資金を引き出す場合は，その（1人あたりの）引き出し額は c_1^* となるだろう．次式が成り立つとき，銀行取付け均衡（bank run equilibrium）が存在する．

$$z^+ = c_1^* - (b + rl^+) > 0 \tag{7.7}$$

この式が成り立つ場合，銀行は全ての個人の突然の貯蓄引き出しによって必ず破綻してしまう．それゆえ，z^+ は銀行の資金不足の尺度とみなされる．

先ほど得られた $l^* = 0$ のときの均衡値を (7.7) 式に代入すると，次のことが分かる．

$$c_1^* - (b + rl^+) = \frac{\alpha w}{\rho} - [\alpha w + rw(1-\alpha)] > 0 \qquad ならば \qquad z^+ > 0$$

資産（富）w はスカラーであるから，w は式の符合を決定する要素ではない．したがって，w を消去し，また $(1-\alpha)$ が (7.5) 式から得られることを想起すると，以下のような関係を示すことができる．

$$R^{\frac{\theta-1}{\theta}} > r \qquad ならば \qquad z^+ > 0 \tag{7.8}$$

明らかに，$\theta \geq 1$ であれば，銀行取付け均衡が存在する．なぜなら，$R > 1 > r$ だからである．しばしば仮定される範囲 $\theta \in (0, 1)$ においては，(7.8) 式が満たされないため，銀行取付け均衡は存在しない．換言すれば，個人がリスク回避的であればあるほど，銀行取付け均衡が存在する可能性は高まるとい

える．この均衡が実際に実現するかどうかは，個人の戦略，および信用不安に対する個人間の戦略的な相互作用に依存する．上述の分析は，銀行取付けが起こりうる経済の基本的な特徴を示している．

7.4 海外信用

前節では，たとえ銀行取付けが起こっても第 1 期において対外借入 (b) は可能であると想定していた．しかし，対外借入が不可能な場合はどうなるであろうか．2008 年の金融危機とそのあとの時期において，銀行は相互に貸出を渋るということをしたのである．

預金者のパニックが生じた第 1 期に対外借入ができないということは，モデルでは $R(k-l)=d<f$ を意味する．それは，第 1 期における清算の最大水準が

$$l^a = \frac{Rk-d}{R} \tag{7.9}$$

であることを示している．$d<f$ であるから，$l^a > l^+$ が成り立つと考えられる（(7.6) 式を参照）．銀行の資金不足の尺度は次式で表わされる．

$$\begin{aligned} z^a &= c_1^* - rl^a \\ &= c_1^* - r\left(k - \frac{d}{R}\right) \\ &= c_1^* + rd\left(\frac{1}{R}-1\right) - re \end{aligned} \tag{7.10}$$

この水準を (7.7) 式と比較し，(7.6) 式と (7.9) 式を使うと，次式が得られる．

$$z^a - z^+ = b + r(l^+ - l^a)$$
$$= b\left(1 - \frac{r}{R}\right) > 0$$

このことは,パニックが生じたとき(第1期),外国の債権者が貸出を提供しなければ,それを提供したときに比べて,銀行は資金不足に陥る可能性が高まり,体質はより脆弱になることを示している.これは,清算の最大水準がより高いということに関わらずそうである.こうしたことは直観ともよく合致する.

　国際的に貸出が拒絶された場合も銀行取付けが引き起こされる可能性がある.もし,予想に反して,第1期に海外の債権者が,銀行にbを提供できないと発表したとすると,預金者は銀行の脆弱性が増したと認識し,第1期にできるだけ多くの預金を引き出そうとする.これは,銀行の倒産を引き起こす潜在的な因子となる.この意味では,bが国内条件によって利用不可能になるか,それとも海外の危機のためにそうなるかは,大きな問題ではない.ただし,このことは海外の金融危機がどのように国内の金融部門に対して深刻な影響を与え得るかを示している.

7.5　短期の借入

　前節では,銀行取付けが起きた第1期に海外の債権者が貸出を行なわなかったとしても,彼らは第0期に貸出した資金dの返済が銀行の投資プロジェクトが予定通り完了する第2期において行われることを受容する.しかし,取付けが起きている第1期に債権者が全ての貸出の返済を要求し,またプロジェクトの早急な清算を求めたとしたらどうなるだろうか.

　この場合,銀行はプロジェクト全体の清算価値rkを使って,その短期債務$c_1^* + d$を返済しなければならない.すなわち

$$z^b = c_1^* + d - rk$$
$$= c_1^* + d - r(d+e)$$
$$= c_1^* + d(1-r) - re \qquad (7.11)$$

である．以前と同じ手続きによって，z^a と z^b を比較すれば，容易に $z^b > z^a$ であることが分かる．これは，この種の短期債務の整理が，銀行取付けのリスクをさらに増大させることを意味する．

7.6 国際信用市場の自由化

 国際的な借入制約 f の緩和，すなわち f が増加するという意味で国際信用市場が自由化されたときに何が起こるかを検討することは重要な政策問題である．金融危機に関する実証研究の中には，そのような大きな経済変動は，金融自由化に先んじて起きることが多いと指摘するものがある．

 まず，(7.2) 式から，f が増加すると経済の富は増加することが分かる．なぜなら，対外借入の利子率はゼロであり，1ドル投資する毎に $R>1$ の収益が得られるからである．さらに，(7.5) 式から，各期間の消費も増加することが分かる．この意味で，国際金融市場の規制緩和は，社会的厚生を高めるといえる．

 しかし，先ほど示したように，銀行が $b=0$ かつ $d=f$ というキャンセル可能な長期債務を利用しているとすると，(7.11) 式は次のように修正される．

$$z^b = c_1^* + f - rk$$
$$= \frac{\alpha w}{\rho} + f - r(f+e)$$
$$= \frac{\alpha w}{\rho} + f(1-r) - re$$
$$= \frac{\alpha}{\rho}\left(e + \frac{f(R-1)}{R}\right) + f(1-r) - re$$

ここで，wの式を4行目の右辺に代入している．

この式から，z^bはfとともに増加することが分かる．言い換えれば，銀行取付けが生じたときに，借入が容易にキャンセルされてしまうのであれば，資本流入の増加は金融の脆弱性を増大させ，銀行が資金不足に陥る危険性を高めてしまう，ということである[6]．したがって，国際金融市場の自由化は，消費の社会的最適水準の上昇という意味で事前的には合理的であるが，金融危機の後では，それは概して非合理的なこととなってしまう．なぜなら，増大する資本の流入は銀行の体質をより脆弱にし，銀行取付けを引き起こすリスクを高めてしまうからである．

---

[6] Chang and Velasco (2001) によって示されたように，もし第0期での負債がキャンセルできない長期のものであれば，この結論は当てはまらない．それゆえ，借入の期間が長くなればなるほど，預金者パニックに対する金融制度の脆弱性は小さくなる．

第8章 消費と貯蓄

本章では，GDP方程式の需要者側の最大の構成要素である民間総消費 C_t（*aggregate private consumption*）の決定要因について詳細に分析する．消費理論は1930年代のKeynes革命以来，マクロ経済学の重要なトピックとなっている．それはまた，Milton FriedmanやRobert Lucasによる合理的期待の方法論とKeynesianの方法論との違いが最も明白に現れる分野の一つでもある．

以下では，Keynes型消費関数を簡潔に概観することから始め，次に恒常所得仮説についての幅広い議論を紹介する．恒常所得仮説では，多期間の枠組の中で代表的個人の消費に関する最大化行動が議論される．現代マクロ経済学におけるこのモデルの重要性に鑑み，本章ではこの多期間という枠組に特に注意を払う．また，このモデルから派生するランダムウォーク・モデルについても議論する．さらに，予備的貯蓄に関する議論を簡潔に行い，時間割引率と利子率を導入したときにモデルがどのように修正されるかを議論する．8.8節と8.9節では，近年とくに研究が集中している2つの領域，すなわち相対的消費（*relative consumption*）と時間非整合性（*time inconsistency*）について議論する．

8.1 Keynes型消費関数

Keynesの標準的な総消費関数は，今期の消費 C_t を今期の可処分所得 Y_t^d と結びつけている．

$$
\begin{aligned}
C_t &= c_a + c_{\mathrm{mpc}} Y_t^d \\
&= c_a + c_{\mathrm{mpc}}(1-\tau) Y_t
\end{aligned}
\tag{8.1}
$$

このよく知られた式において，$c_a>0$ は所得から独立した（*autonomous*）消費水準である．$c_{\mathrm{mpc}} \in (0, 1)$ は限界消費性向（*marginal propensity to consume*）である．τ は所得税率であり，Y_t は今期の総家計所得である．それゆえ，税引後の純所得は $Y_t^d = (1-\tau)Y_t$ である．

このモデルからすぐに分かることは，Y_t が1単位増加すると，消費は $c_{\mathrm{mpc}}(1-\tau) > 0$ だけ増加するということである．また，特に注目すべきは，政府の政策は強力で，かつ即時的な効果を持つということである．1ポイントの所得税率の低下は，総消費を $c_{\mathrm{mpc}} Y_t > 0$ だけ増加させる[1]．Keynes の世界では，消費者はフォワードルッキングではなく，今期の所得の変化に対して反応するだけである．

8.2 Friedman による批判

よく知られた著作の中で Friedman (1957) は，現実世界の経済主体は可処分所得のフローのうちで恒常的な部分と一時的な部分を区別している可能性が高いと論じ，Keynes 派の見解に異を唱えた．すなわち，今期の可処分所得を Y_t^d とすると，個人は長期的な平均所得あるいは恒常所得（*permanent income*）Y_t^P と，一時的な所得 Y_t^T を区別するというわけである．ここで，一時的所得は正または負であり，その期待水準はゼロと仮定する．つまり，$E_t(Y_t^T) = E_t(Y_{t+1}^T) = 0$ である．E_t は期待演算子であり，t 時点（*at time t*）における期待を表す．それゆえ，今期の可処分所得は次式で表わされる．

$$Y_t^d = Y_t^P + Y_t^T$$

恒常所得仮説（*permanent income hypothesis*）(PIH) の重要な新しい仮定は，今期の消費についての意思決定が，今期の所得よりもむしろ恒常所得に依存するということである．すなわち

---

[1] 形式的には，この結果は偏導関数 $\dfrac{\partial C_t}{\partial \tau} = -c_{\mathrm{mpc}} Y_t < 0$ によって与えられる．これは，τ の低下が C_t を増加させることを意味する．

$$C_t = Y_t^P \tag{8.2}$$

である．

次節ではこのモデルが意味する内容をさらに深く検討する．そこではより完全なモデルが提示される．

8.3 恒常所得仮説

OLG（世代重複）モデルと同様，標準版の PIH（恒常所得仮説）モデルにおいても，効用を最大化する代表的主体というミクロ（経済学）的な基礎づけが行なわれる．代表的主体は生涯にわたる予算制約のもとで生涯効用を最大化する．効用は単にその個人の消費のみから得られるとする[2]．

効用関数は，

$$\begin{aligned}U &= \sum_{t=0}^{T} \beta^t u(c_t) \\ &= u(c_0) + \beta u(c_1) + \beta^2 u(c_2) + \cdots + \beta^T u(c_T)\end{aligned} \tag{8.3}$$

である．ここで，c_t は個人消費である．$u(c_t)$ は瞬時的効用関数（*instantaneous utility function*）とよばれ，時間を通じて安定的であり，$u'(c_t) > 0$ かつ $u''(c_t) < 0$ という標準的な性質を有している．よって，消費の限界効用は常に正であるが，それは消費が増加するに従って逓減する．個人は $T+1 > 0$ 年生きると仮定する[3]．$0 < \beta \leq 1$ はこれまでと同様，時間割引因子を表わす．

簡単化のため，外生的に決まる将来所得の流列 $y_0, y_1, y_2, \cdots, y_T$ は個人にとって既知であり，所得税率はゼロと仮定する．生涯予算制約（または恒常所得（*permanent income*））は

---

[2] この仮定は，以下の章において緩められる．
[3] 期間 0 も数えるため，$T+1$ 期間（*time periods*）となることに注意せよ．

$$\sum_{t=0}^{T}\frac{c_t}{(1+r)^t}=\sum_{t=0}^{T}\frac{y_t}{(1+r)^t} \tag{8.4}$$

である．ここで，$r \geq 0$ は時間を通じて一定の利子率である．さらに，完全信用市場を仮定する．つまり，$y_t < c_t$ の場合，(8.4) 式の生涯予算制約が満たされる限り，個人は借り入れを行うことになる．

この異時点間の制約は，まさに OLG モデル (5.3) 式の 2 期間制約の拡張版である．しかし，(8.4) 式の導出方法については，もう少し正確に述べる必要がある．例として，$T=2$ の場合について考えてみよう．この場合，最終期の消費は

$$c_2 = y_2 + (y_1 - c_1)(1+r) + (y_0 - c_0)(1+r)^2$$

でなければならない．すなわち，個人の消費額は前期間までの純貯蓄 $(y_1 - c_1)(1+r) + (y_0 - c_0)(1+r)^2$ に，最終期の所得 y_2 を加えた額となる．消費の項のみを左辺に移して整理すると，

$$\begin{aligned} c_2 + c_1(1+r) + c_0(1+r)^2 &= \sum_{t=0}^{2} c_t(1+r)^{2-t} \\ &= y_2 + y_1(1+r) + y_0(1+r)^2 \\ &= \sum_{t=0}^{2} y_t(1+r)^{2-t} \end{aligned}$$

となる．ここで，第 0 期，すなわち消費計画の決定時点で評価した現在価値を表すように，予算制約式を書き換えることにしよう．両辺を $(1+r)^2$ で割ると，$T=2$ のときの (8.4) 式が得られる．この式は，生涯消費の現在価値が生涯所得の現在価値に等しくなければならないことを示している．

8.3.1 ライフサイクルを通じた効用最大化

効用関数 (8.3) 式および予算制約 (8.4) 式はともに，個人にとっての最

大化問題を構成する．求める解は，制約条件のもとで効用を最大化する消費水準である．Lagrange 関数を考えよう．

$$\Gamma = \sum_{t=0}^{T} \beta^t u(c_t) + \lambda \left(\sum_{t=0}^{T} \frac{c_t}{(1+r)^t} - \sum_{t=0}^{T} \frac{y_t}{(1+r)^t} \right) \tag{8.5}$$

ここで，$\lambda > 0$ は標準的な Lagrange 乗数である．この最適化問題における選択変数は，各期の消費水準 c_0, c_1, c_2, … である．

最大化の 1 階の条件は，それぞれ次のようになる．

$$\frac{\partial \Gamma}{\partial c_0} = u'(c_0) - \lambda = 0$$
$$\frac{\partial \Gamma}{\partial c_1} = \beta u'(c_1) - \frac{\lambda}{1+r} = 0$$
$$\vdots$$
$$\frac{\partial \Gamma}{\partial c_T} = \beta^T u'(c_T) - \frac{\lambda}{(1+r)^T} = 0 \tag{8.6}$$

これらの条件は，$u'(c_0^*) = \lambda = \beta(1+r)u'(c_1^*) = \beta^2(1+r)^2 u'(c_2^*) \cdots = \beta^T(1+r)^T u'(c_T^*)$ であることを意味する．それゆえ，OLG モデルですでに得られている馴染みの Euler 方程式を再び次式のように導出することができる．しかし，今度は $(T+1)$ 期間の枠組での式である．

$$\frac{u'(c_t^*)}{u'(c_{t+1}^*)} = \beta(1+r) \qquad 全ての\ t \in \{0, 1, 2, \cdots, T-1\}\ について$$

8.4 簡易版 PIH モデル

PIH の結論についてさらに洞察を深めるために，ここで思い切った単純化を行ってみよう．$\beta = 1$ かつ $r = 0$ を仮定すると，Euler 方程式は $u'(c_0^*) = \lambda =$

$u'(c_1^*)=u'(c_2^*)\cdots=u'(c_T^*)$ となる．言い換えれば，最適状態では，消費の限界効用は全ての期間において同一でなければならないということである．$u(c_t)$ は強い意味で凹であるから，限界効用（効用関数の傾き）が $u'(c_t)=\lambda$ となるような c_t の水準はただ1つ存在する．それゆえ，個人は $c_t^*=c_{t+1}^*=c_{t+2}^*=\cdots=c_T^*$ となるように最適な消費水準を設定するであろう．生涯を通じて最適消費水準が同じというこのような結論は，しばしば消費の平準化（*consumption smoothing*）とよばれる．

個人の生涯期間 $T+1$ を通じて消費の最適水準が同一であるということは，予算制約式を次式のように再定式化できることを意味する．

$$\sum_{t=0}^{T}c_t=(T+1)c_t^*$$
$$=\sum_{t=0}^{T}y_t$$

両辺を生涯の期間の長さ $T+1$ で割ると，PIH の重要な式が得られる．

$$c_t^*=\frac{\sum_{t=0}^{T}y_t}{T+1} \tag{8.7}$$

この式の解釈は難しくない．それは，最適状態において個人が各期に平均所得を消費する，というものである．明らかに，所得水準 y_t が増加すれば消費の最適水準も増加する．T の増加はどのような影響をもたらすだろうか．当然のことながら，それは将来にわたる所得フロー次第である．もし，全ての個人が $t'<T$ のときに引退し，それ以降は $y_t=0$ であるような場合，T の増加（すなわち寿命が延びること）は今日の消費水準を低下させるであろう．なぜなら，引退するまでに得る所得をさらに長い期間の消費に充当しなくてはならないからである．

8.4.1 貯　蓄

PIH では，（正または負の）貯蓄は消費の時間パターンを平準化するのに用

いられる．今期の所得は $y_t = c_t + s_t$ であるから，PIH における最適貯蓄は，

$$s_t^* = y_t - c_t^*$$
$$= y_t - \frac{\sum_{t=0}^{T} y_t}{T+1} \tag{8.8}$$

で表わされる．ここで，t 期の所得が最適消費水準よりも相対的に多ければ s_t^* は正であり，少なければ s_t^* は負である[4]．

(8.7) 式および (8.8) 式が意味する重要なことは，消費水準は時間を通じて一定，すなわち所得の時間分布 $y_1, y_2, \cdots, y_T$ に対してあまり反応しないということであり，貯蓄は現在所得に対して非常に敏感に反応するということである．より正確にいえば，c_t^* の y_t に関する偏導関数は $\frac{1}{T+1}$ に過ぎないが，s_t^* の y_t に関する偏導関数は $1 - \frac{1}{T+1} > 0$ である．T が大きいほど，現在所得に対する貯蓄の反応はより大きくなる．これらの結果からは次のことがいえる．すなわち，生涯を通じて，貯蓄水準は消費水準に比べてより大きな変動を示す傾向があるということである．

8.4.2 中期分析

もし人生の半ばにおける個人，すなわち，$0 < \tau < T$ を満たすある時点（年齢）$t = \tau$ の個人しか観察できないのであれば，個人の消費選択を理解するためには，将来所得のみならず，過去の所得や貯蓄についても考慮に入れなければならない．$(T+1)c_t^* = \sum_{t=0}^{T} y_t$ であるから，次式を導出することができる．

$$c_\tau^* = \sum_{t=0}^{T} y_t - T c_\tau^*$$
$$= \sum_{t=0}^{\tau-1} y_t - \tau c_\tau^* + \sum_{t=\tau}^{T} y_t - (T-\tau) c_\tau^*$$
$$= A_{\tau-1} + \sum_{t=\tau}^{T} y_t - (T-\tau) c_\tau^* \tag{8.9}$$

---

[4] 負の貯蓄は，個人が将来所得を担保として貨幣を借り入れること，あるいはこれまでに積み立ててきた貯蓄を取り崩すことを意味する．

この式において，$\sum_{t=0}^{\tau-1} y_t - \tau c_\tau^* = A_{\tau-1}$は所得から消費支出を引いたものを$t=0$から$\tau-1$まで合計した額を表わす．もし，$A_{\tau-1}>0$であれば，分析時点$\tau$において個人は正の資産を保有し，$A_{\tau-1}<0$であれば，それは負となる．

(8.9)式3行目の$-(T-\tau)c_\tau^*$を左辺に移項し，さらに両辺を$T+1-\tau$で割ると，次式が得られる．

$$c_\tau^* = \frac{A_{\tau-1} + \sum_{t=\tau}^{T} y_t}{T+1-\tau}$$

この式についてよく見られるケースは，$\tau=1$と仮定した式である．そのときは，次式のように非常に簡潔な形で表わすことができる．

$$c_1^* = \frac{A_0 + \sum_{t=1}^{T} y_t}{T} \tag{8.10}$$

この場合，$A_0 = y_0 - c_0^*$であるから，それは前期の貯蓄を表す．純資産の水準A_0は，若年期の所得に依存して正にも負にもなり得る．

以下では，(8.10)式の論理に基づく異時点間最大化問題のモデルを用いて議論を行う．

8.4.3 ライフサイクルの含意

現実の世界では，将来所得は決して完全情報ではない．しかし，消費のライフサイクル仮説に従えば，現在所得の時間分布について，次のような合理的な予測を行うことができる．個人の生涯の最初の局面（それを0期と呼ぼう）では，教育と人的資本が必要であり，また所得は概して低いと考えられる．この時期は，個人は負の貯蓄を伴う純借入主体である．「中年期（*middle age*）」（1期）になると，人々は働き，相当な貯蓄を行うこともできる[5]．最後の時期（2期）では，人々は仕事から引退し，主に現役時代に蓄積した貯蓄を取り崩

---

[5] そのような貯蓄はしばしば強制的であり，引退後のための資金となる．

して生活する[6]．理論的には，これら3つの期間を通じて，消費水準はほぼ一定の水準に留まると考えられる．

この見方を例証するために，図8.1のように，若年期から老年期にかけての所得フローを y_0, y_1, y_2 とし，かつ $y_0 < y_2 < y_1$ であると仮定する．このように，所得は人々が若年期にあるときに最も低く，中年期のときに最も高い．生涯所得は $\sum_{t=0}^{2} y_t$ であり，消費を平準化するように個人は消費 $c_t^* = \dfrac{\sum_{t=0}^{2} y_t}{3}$ を選ぶはずである．それゆえ，$y_0 < c_t^* < y_1$ となるはずである．すなわち，若い人々は稼ぎよりも多くを消費する傾向がある一方で，中年期の人々は，その逆となる．ここで描写されたシナリオでは，老年期における所得と消費の関係について，確たる予測はできない．図8.1の例では，$y_2 < c_2^*$ となっている．

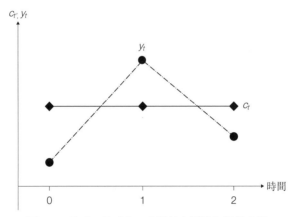

図8.1　ライフサイクルを通じた消費と所得の例

8.4.4　政策的含意

(8.7) 式の結果を，典型的な Keynes 型総消費関数 $C_t = c_a + c_{mpc} Y_t$ と比較すると，かなり異なった政策的含意が見えてくる．一時的な政府の補助金による一時的な所得の増加 ΔY_t は，おそらく消費を $c_{mpc} \Delta Y_t$ だけ増加させるはずである．例えば，$c_{mpc} = \dfrac{1}{2}$, $\Delta Y_t = 10$ と仮定すれば，$\Delta C_t \approx 5$ となる．しかし，

---
[6] 生涯消費パターンの経験的規則性については，Attanasio (1998) に概略が示されている．

PIH のシナリオでは，同じだけ所得が増加しても，消費は $\frac{\Delta Y_t}{T}$ だけしか増加しないだろう．西側世界にいる現在 40 歳の人で，今後さらに 40 年生きると期待できる人を想定しても，消費の増加はたった $\frac{10}{40}=0.25$ だけである[7]．

この例が示唆する政策的な意味合いは，次の如くである．すなわち，消費の押し上げを目的とする短期政策は，Keynes 型消費関数が仮定されるときは大きな効果が期待できるが，それが PIH モデルの場合には，政策効果は極めて希薄なものになる，ということである．

8.5 ランダムウォーク・モデル

前節の簡易版 PIH モデルの主な欠点は，個々人が生涯所得を完全に予想できると仮定するところにある．現実の経済における意思決定の大きな特徴は，将来には不確実性が常に伴うということ，そして我々は将来の経済状況を何らかの情報に基づいて推測するしかないということ，である．PIH の拡張版である Hall (1978) のランダムウォーク・モデル (*random-walk model*) の重要な特徴は，個人は不確実な将来所得について期待を形成するが，その期待は連続的に改定されるという点にある．個人はフォワードルッキングであり，ある t 期において利用可能な全ての情報を考慮する．経済学では，この種の評価方法を合理的期待（*rational expectations*）と呼んでいる[8]．

$t=1$ 年（中年期の）における個人の期待効用が 2 次式で表わされると仮定する．

$$E_1(U) = E_1 \sum_{t=1}^{T} \left(c_t - \frac{a}{2} c_t^2 \right) \tag{8.11}$$

E_t は期待演算子であり，t 期において期待が形成されることを示している．

---

[7] PIH から得られるもうひとつの興味深い予測は，予期せぬ所得の変化に対する個人の消費の感応度が，T の増加とともに低下する，ということである．例えば，(T が小さい) 高齢の人ほど，クジから得られる予想外の利益はただちに使ってしまう傾向がある．

[8] より古いモデルでは，人々は主に過去の行動を観察することを通じて，将来所得および一般的な経済現象に関する期待を形成すると仮定されている．それは，適応的期待（*adaptive expectations*）と呼ばれる．

8.5 ランダムウォーク・モデル

期待演算子は統計理論における標準的な性質を有している[9]．(8.11) 式は，$E_1(U)=E_1\left(c_1-\dfrac{a}{2}c_1^2\right)+E_1\left(c_2-\dfrac{a}{2}c_2^2\right)+\cdots+E_1\left(c_T-\dfrac{a}{2}c_T^2\right)$ のように，省略しない形で表記することができる．将来の消費水準に関する全ての期待が $t=1$ 期において形成されることに留意されたい．簡単化のため，今後も時間割引因子は $\beta=1$ と仮定する．

（括弧内の）瞬時的効用関数 $u(c_t)=c_t-\dfrac{a}{2}c_t^2$ は，これまでのものとは異なっている．$a>0$ はパラメータ（一定）である．c_t の限界効用については，もし $c_t<\dfrac{1}{a}$ であれば，$u'(c_t)=1-ac_t>0$ である．逆に，もし消費水準が $\dfrac{1}{a}$ を超えると，消費の限界効用は負となる．これは興味深いシナリオであるが，ここでは消費水準が $c_t<\dfrac{1}{a}$ であると仮定する．2階微分は $u''(c_t)=-a<0$ であり，これが関数の凹性を保証している．

生涯所得に関する不確実性を導入したことを除けば，予算制約の意味する内容はこれまでと同じである．$A_0=y_0-c_0^*$ の解釈もこれまでと同じであり，かつ $r=0$ とする．

$$\sum_{t=1}^{T} E_1(c_t) \leq A_0 + \sum_{t=1}^{T} E_1(y_t) \tag{8.12}$$

(8.5) 式と同様，Lagrange 関数 Γ を定め，最大化のための1階の条件をとれば，全ての $t=1, 2, \cdots, T$ について，$\dfrac{\partial \Gamma}{\partial c_t}=E_1(1-ac_t)-\lambda=0$ であり，馴染みの Euler 方程式，すなわち，$1-ac_1=E_1(1-ac_2)=\cdots=E_1(1-ac_T)$ が得られる．c_1 は第1期において観察される変数であるため，期待演算子は最初の辺には現れないことに注意しよう．それゆえ，一般的な結果は $1-ac_1=1-aE_1(c_t)$ となる．ただし，$t>1$ である．この式から1とaを消去すると，最適消費経路，すなわち次式が得られる．

$$c_1^* = E_1(c_t^*) \tag{8.13}$$

---

[9] 例えば，確率変数 X_t に対しては，$E_t(X_t)=X_t$ となる．なぜなら，X_t は t 期において既に観察されているため，期待形成が必要ないからである．さらにいえば，定数 η の期待は定数そのものである．すなわち，$E_t(\eta)=\eta$ である．

換言すれば，消費水準を決定する際，個人は，現在の消費と同じ量を全ての将来時点においても消費すると期待されるのである．

この結果を予算制約式に代入すると，ランダムウォーク・モデルの重要な式が得られる．

$$c_1^* = \frac{1}{T}\left(A_0 + \sum_{t=1}^{T} E_1(y_t)\right) \tag{8.14}$$

この式は期待演算子 E_1 を除けば，(8.10) 式と同じである．その解釈もまた，これまでのものと類似している．すなわち，個人は期待される生涯資産のうち $\frac{1}{T}$ の割合を各期均等に消費する．特筆すべき点は，不確実性が個人の消費選択に対して実質的には影響を与えないように見えるということである．個人は，$\sum_{t=1}^{T} E_1(y_t)$ を (8.7) 式の $\sum_{t=1}^{T} y_t$ と等しいと評価する．したがって，Hall のランダムウォーク・モデルは，確実性等価 (*certainty equivalence*) によって特徴付けられるモデルと称されることがある．

8.5.1 確率的要素の導入

不確実性をモデルに組み入れる方法を示すために，t 期の消費が次式で与えられると仮定する．

$$c_t = E_{t-1}(c_t^*) + e_t = c_{t-1}^* + e_t \tag{8.15}$$

この簡単な式において，e_t は $E_{t-1}(e_t)=0$ という性質をもつ確率的誤差項である．これは，e_t に不確実な要素が含まれていることを示している．つまり，$t-1$ 期において予想されたものと比べて，実際の消費はより高水準（$e_t>0$）であるかもしれないし，逆により低水準（$e_t<0$）であるかもしれない．さらに，(8.13) 式からは $E_{t-1}(c_t^*) = c_{t-1}^*$ であることが分かる．それゆえ，t 期の消費は t 期に生じるランダムな要素が $t-1$ 期の消費に加わったものと予想される．

時系列に関する計量経済学の用語では，(8.15) 式の過程はランダムウォー

ク（*random walk*）として特徴づけられるものである．これは，消費の時間パターンが如何なるトレンドも伴わず，如何なる平均の回りをも変動しないということを意味する[10]．

また，各期 t において，個人は消費の意思決定をする際，将来に関する利用可能な全ての情報を利用する（(8.14) 式を参照）．そうしなければ，合理的な期待形成は不可能である．このように，c_t^* には将来所得やその他の関連する事項についての全ての利用可能な情報が反映されている．そして，個人は消費の平準化を選好するがゆえに，将来的にも c_t^* を消費すると確信している．

では，撹乱項 e_t についてはどのように考えたらよいだろうか．合理的期待理論によれば，$t-1$ 期においては利用可能でなかった将来見通しについての何らかの新しい情報によって e_t が生じると想定される．将来の経済状況についての見方を変更するような確率的な事象は実際どの時点においても発生しうる．そのような事象としては，例えば，事故による深刻な傷害や予期しなかった新規の雇用機会，クジによる賞金といったものが挙げられる．上記の枠組では，第1期から第2期にわたる消費の変化について，形式的には，$c_2 = c_1^* + e_2$ と表わされるから，誤差項は次式で与えられる．

$$e_2 = \frac{1}{T-1}\left(\sum_{t=2}^{T} E_2(y_t) - \sum_{t=2}^{T} E_1(y_t)\right) \tag{8.16}$$

言い換えれば，誤差項がゼロでなければ，$t=2$ から $t=T$ にわたる期待所得フローは，第1期から第2期にかけて変化していなければならない[11]．Hall (1978) が示したようなランダムウォークに現実の総消費が従うか否かという問題は，今なおマクロ経済学の実証研究の課題の1つであり続けている．

---

[10] この1次の自己回帰ランダムウォーク過程は，RBC モデルにおける，技術についての AR (1) 過程と比較されるかもしれない．Hall のモデルでは，ρ_A に該当するのは1であるから，ショックは減衰しないと考えていることになる．

[11] 例えば，そのような期待の変化の1つは y_2 に関するものであり，第2期には実現するが第1期にはまだ不確実であるようなものである．$\sum_{t=2}^{T} E_2(y_t) = y_2 + \sum_{t=3}^{T} E_2(y_t)$ であることに注意しよう．

8.6 予備的貯蓄

本章で既に取り上げた PIH モデルやランダムウォーク・モデルの弱点は，「雨の日に備えて貯蓄する（*save for a rainy day*）」ための現実的な動機が存在しない，ということである．Hall の枠組がそうであるように，不確実性が存在するときでさえも，個人はあたかも将来所得フローが確実であるかのように振る舞う（それは上述のように確実性等価（*certainty equivalence*）とよばれる）．以下では，予備的貯蓄（*precautionary saving*）が広く行われていることを説明できるようにモデルを拡張することにしよう．

理論的観点からは，上述の Euler 方程式により，最適条件は

$$u'(c_t) = E_t u'(c_{t+1})$$
$$\Rightarrow 1 - ac_t = E_t(1 - ac_{t+1})$$
$$\Rightarrow 1 - aE_t(c_{t+1}) = u'[E_t(c_{t+1})]$$

であることが分かっている．この式で重要な点は，c_{t+1} の期待限界効用が c_{t+1} の期待値の限界効用に等しい，すなわち $E_t u'(c_{t+1}) = u'[E_t(c_{t+1})]$ であることである．このことは，ランダムウォーク・モデルの2次の効用関数の特徴であり，このことの正確な意味は以下で示される．

上述したように，2次の効用関数の1つの問題は，それが $c_t > \frac{1}{a}$ のときに $u'(c_t) < 0$ であるような状況を認めるということである．消費水準が高い状況において限界効用が負となることは，現実性の観点から問題である．また，2次の場合，$u'''(c_t) = 0$ となることにも注意しよう．しかし，もし $u'''(c_t) > 0$ を仮定すれば，**図 8.2** に描かれるように，限界効用は負とはならず，それは消費に対して凸となる．

もし，全ての $c_t > 0$ について $u'''(c_t) > 0$ であることだけを新たに仮定するなら，（$u'(c_t)$ が強い意味で凸であるため）$E_t u'(c_{t+1})$ は以前よりも高くなるはずである．したがって，古い水準の c_t では，$u'[E_t(c_{t+1})] < E_t u'(c_{t+1})$ となり，Euler 条件は成立しない．Euler 方程式の均衡を回復するためには，$u'[E_t$

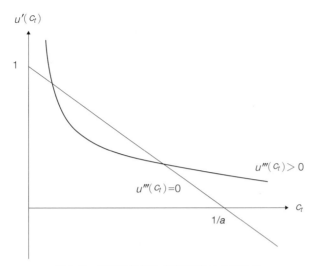

図 8.2 予備的貯蓄と効用関数の 3 階微分

$(c_{t+1})]=u'(c_t)$ が増加しなければならない．これは c_t の減少を通じてのみ可能である．t 期における消費の減少は，同期における同じだけの貯蓄の増加を意味する．それゆえ，$u'''(c_t)>0$ という新しい仮定のもとでは，個人は予備的貯蓄を行うようになる．

より具体的な説明は，**図 8.3** で与えられる．この図では，消費は確率 $\frac{1}{2}$ で高水準 c_H，確率 $\frac{1}{2}$ で低水準 c_L となることが想定されている．それゆえ，消費の期待水準は $E_t(c)=c^a=\frac{c_H+c_L}{2}$ である．しかし，c^a では，$u'(c^a)<E_t u'(c)=\frac{u'(c_H)+u'(c_L)}{2}$ となる．c^* においてのみ，$u'(c^*)=E_t u'(c)$ となるのであり，したがって，c^* が選択され，消費はより低水準となる．

もし，c_H が (c_H' まで) 増加するのと正確に同じだけ c_L が (c_L' まで) 減少するという意味で，不確実性が増大するならば，期待値は c^a のままである．しかしながら，リスクの変化は $E_t u'(c)$ の大幅な増大を引き起こす．このことはまさに，$u'''(c_t)>0$ と仮定したことの直接の帰結である．Euler 方程式を回復するためには，c は $c=c^{**}<c^*$ となる水準まで低下しなければならない．このようにリスクの増大は，最適消費水準を低下させ，貯蓄を増加させる．このことは予備的貯蓄のモデルから得られる重要な知見である．

112 第8章 消費と貯蓄

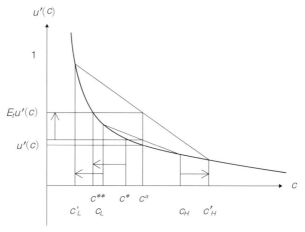

図 8.3 不確実性の増大に伴う予備的貯蓄

8.7 利子率と時間割引率

ここでは，8.4 節以降，捨象していた利子率と時間割引率を再びモデルに導入して，その含意を検討することにしよう．

まずは，有限期間 T までを考慮する以下の CRRA 効用関数を OLG モデルから導入する．

$$U=\sum_{t=0}^{T}\frac{1}{(1+\rho)^t}\frac{c_t^{1-\theta}}{1-\theta} \tag{8.17}$$

これまでと同様，$\theta\in(0,1)$ は相対的危険回避度を示すパラメータであり，$\rho\geq 0$ は時間割引率である．

複数期間の場合の個人の異時点間予算制約式は次の通りである．

$$\sum_{t=0}^{T}\frac{c_t}{(1+r)^t}=\sum_{t=0}^{T}\frac{y_t}{(1+r)^t} \tag{8.18}$$

ここで，r は利子率である．

Lagrange 関数を設定し，通常の方法で1階の条件を解くと，OLG モデルのときと同様に相対的消費についての「離散的な Ramsey 式（*discrete Ramsey result*）」が以下のように得られる．

$$c_t^* = c_0^* \left(\frac{1+r}{1+\rho}\right)^{\frac{t}{\theta}} \tag{8.19}$$

この式の興味深い点の1つは，もはや消費の平準化ができそうにないということである．例えば，もし $r>\rho$ である（それはおそらく動学的には倹約的な社会のケースである）ならば，消費は時間を通じて指数関数的に増大し，ランダムウォークを示さないであろう[12]．図 8.4 は，3つの異なるシナリオ，すなわち $r>\rho$，$r=\rho$，および $r<\rho$ のときの，最適消費経路が例示されている．これまでと同様，消費の最適成長率は次式で与えられる．

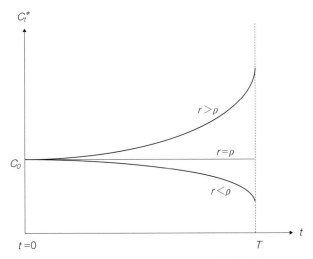

図 8.4　r と ρ が異なるときの最適消費経路

---

[12] そのような消費水準の緩やかな上昇は，ライフサイクル仮説の実証研究と実際によく合致する．

$$\frac{c^*_{t+1}-c^*_t}{c^*_t}=g^*_c=\left(\frac{1+r}{1+\rho}\right)^{\frac{1}{\theta}}-1$$

8.8 相対的消費

最近の研究では，実証研究によって個人の効用は絶対的消費水準だけでなく，何らかの参照点 R と比較したときの相対的消費水準にも依存する，ということが指摘されるようになった．参照点というのは，隣人の消費水準であるかもしれない．この場合，個人はいわゆる「Jones 一家に遅れずについていくこと (keeping up with the Jones)」に関心を持つだろう．また，参照点は自身の過去の消費水準から得られたものかもしれない．この場合は，「習慣形成 (habit formation)」が効用に影響を与えることになる[13]．

これらの発想を簡単に描写するモデルとして，Bowman et al (1999) の効用関数と似た特徴をもつ，次のような2期間の効用関数を考えよう．

$$U=u(c_1)+v(c_1-R_1)+u(c_2)+v(c_2-R_2) \tag{8.20}$$

関数 $u(c_t)$ はこれまでと同様，絶対的消費水準の瞬時的関数であり，$u'(c_t)>0$ かつ $u''(c_t)<0$ といった標準的な性質をもつ．また，$v(x)$ という関数（しばしばそれは得失関数 (gain-loss function) とよばれる）によって，参照点への依存がモデルに導入されている．なお，$x=c_t-R_t$ である．$v(x)$ については，次の性質が仮定される．

・全ての x について $v'(x)>0$；

・$v(0)=0$；

---

[13] 相対的消費が個人の意思決定に影響を与えるという発想は，少なくとも Duesenberry (1952) によって既に提唱されていた．

- 全ての $x>0$ について $v''(x)<0$ であり，全ての $x<0$ について $v''(x)>0$ である．

これら3つの仮定は次のことを意味している．すなわち，1番目の仮定は，個人の消費水準が参照点 R_t と比べて高くなればなるほど状態は常に改善することを，2番目の仮定は消費が参照点の水準にあれば効用は $u(c_t)$ に等しいことを，3番目の仮定は個人は損失回避的（*loss aversion*）であることを，それぞれ意味している．このことは得失関数が参照点より上では凹，下では凸であることを意味する．もっと言えば，個人は標準的な凹型効用のとき以上に，損失に対してよりいっそう敏感である，ということである．これはまさに損失回避の定義そのものである．

モデルの中でなされる意思決定に対して，参照点は内生的であるかもしれない．ただ，第1期の参照点 R_1 については外生的であると仮定されることが一般的である．しかし，R_2 については c_1 に依存すると仮定される．

$$R_2 = (1-\alpha)R_1 + \alpha c_1 \tag{8.21}$$

$\alpha=0$ は単に，参照点が2期間にわたって一定であることを意味する．しかし，$\alpha>0$ であれば，R_2 は c_1 に依存することになる．$c_1>R_1$ ならば $R_2>R_1$ であり，個人は習慣形成の影響を受ける．

習慣形成が広くみられることの重要な意味合いは，異時点間の消費選択が，もはやPIHのように時間に対して独立ではない，ということである[14]．個人の第1期の消費決意は第2期の効用に影響する．なぜなら，非常に高い水準の第1期の消費によって，個人は高水準の消費に「やみつき（*addicted*）」となり，それが c_2 をどのように評価するかに影響を与えるからである．

$\alpha=0$ の場合は，参照点が何らかの外生的要因であることから，個人は自分自身の消費を誰か別の人の消費，おそらくその国の平均消費水準とか，あるいは隣人や友人の消費といったものと比較しているのであろうと通常は仮定

---

[14] 消費から得られる時間独立的な効用とは，C_t の限界効用が $C_{j\neq t}$ から独立なことを意味する．上述の環境では，C_1 の限界効用は C_2 の水準に依存する．

される.そうした相対的な消費比較が何を意味するかは,$u(c_t)$ および $v(x)$ といった関数の特性に依存する.参照点依存型の効用に基づく研究は現在,活発に行われており,それが総消費に関するマクロ経済モデルをどのように修正していくかは,現段階ではまだ分からない.

8.9 時間非整合性

消費者行動においてしばしば見られるもう1つの不合理性には,次のようなものがある.すなわち,正常な時間割引が当てはまらず,効用が現在消費に偏重しているという意味で,人々が時間非整合的な選好を持つように見える,というものである.その概略は Frederick et al (2002) に示されているが,ここでは Laibson (1997) の分析モデルを提示する.

これまでと同様,$u'(c_t)>0$,かつ $u''(c_t)<0$ を満たす標準的な凹型の効用関数 $u(c_t)$ と標準的な時間割引因子 $\beta\leq1$ を仮定する.ただし,効用関数において今期の消費を偏重するバイアスが存在し,それゆえ将来のすべての期間は追加的な因子 $\gamma\in(0,1)$ によって割引かれる,と仮定する.個人の生涯効用は次式で表わされる.

$$U=u(c_0)+\gamma\beta u(c_1)+\gamma\beta^2 u(c_2)+\cdots$$
$$=u(c_0)+\gamma\sum_{t=1}^{T}\beta^t u(c_t) \tag{8.22}$$

生涯にわたる予算制約式はこれまでと同様,(8.4) 式で与えられる.通常の方法で Lagrange 関数を設定し,1階の条件を整理すると,$t>0$ において連続した任意の2期間の異時間的な限界代替率を求めることができる.

$$\frac{u'(c_t)}{u'(c_{t+1})}=\beta(1+r) \tag{8.23}$$

一方,同様の計算を最初の第0期と第1期について行うと,次式が得られる.

$$\frac{u'(c_0)}{u'(c_1)} = \gamma\beta(1+r) \tag{8.24}$$

標準的な結果との相違は，$\gamma<1$ を含むということのみである．この意味で，選好は明らかに時間非整合的である．

もし，$u(c_t) = \dfrac{c_t^{1-\theta}}{1-\theta}$ のような通常のCRRA効用を仮定すれば，標準的なRamsey式，すなわち，全ての $t>0$ について，$\dfrac{c_{t+1}}{c_t} = [\beta(1+r)]^{\frac{1}{\theta}}$ が得られる．ただし，

$$c_0 = \frac{c_1}{[\gamma\beta(1+r)]^{\frac{1}{\theta}}} \tag{8.25}$$

である．$\gamma<1$ であるので，この式は次のことを意味する．すなわち，時間整合的な標準ケースである $\gamma=1$ のときと比べると，個人は最初の期に相対的に多くの消費を行うということである．したがって，個人の残りの人生のいずれの期においても，今期の消費を相対的に多くするというような偏りが発生することになるだろう．しかし，こうしたことは持続可能ではない．なぜなら，生涯予算制約は前と同じだからである．加えて，期が T に近づくにつれて消費の急激な減少が避けられなくなってくるからでもある．

第9章　投資と資産市場

　投資は，通例，物的資本ストックを増加させることを目的とした活動をいう[1]．新古典派成長モデルで示されるように，一国の投資はその国の貯蓄と密接な関係がある．本章では，標準的な新古典派投資モデルを説明する．このモデルは，個々の企業の利潤最大化行動に基づいている．第2節では，Tobin の限界 q (*Tobin's marginal q*) と資本の使用者費用 (*user cost of capital*) の2つの概念を導出する．第3節では，調整費用の性質とはどのようなものか，またそれが企業の投資決定に対してどのような影響を与えるか，について議論する．本章で議論される投資理論の説明は，Branson (1989)，Caballero (1997)，そして Romer (2005) に多くを負っている．

　最後に，第4節では住宅市場に関する簡潔な考察を行う．そこでは，住宅に対する需要と均衡価格水準の決定について分析が行われる．

9.1　Keynes 型投資関数

　最も簡単な Keynes 型投資モデルでは，物的資本への総投資が総所得水準 Y_t と利子率 r_t の関数 $I(Y_t, r_t)$ として表されている．当該関数については，$\frac{\partial I(Y_t, r_t)}{\partial Y_t} > 0, \frac{\partial I(Y_t, r_t)}{\partial r_t} < 0$ が仮定される．投資が所得 Y とともに増加すると考えているのは，資本ストック K_t と所得 Y_t との間に長期的な関係が存在すると仮定しているからである[2]．利子率 r_t の上昇は生産者にとって資本の所有をより費用のかかるものにしてしまう．その結果，投資量は減少する．これはちょうど賃金水準が上昇すると，企業が雇用を減らそうとするのと同じ

---

[1] 経済には，教育などを通じて行われる人的資本投資 (*human capital investments*)，何らかの経済的な目的に資するためになされる社会資本投資 (*social capital investments*) などもある．

[2] 加速度モデル (*accelerator model*) にしたがえば，$K_t = \kappa Y_t$ を考えることができる．ここで，$\kappa > 0$ は資本・産出比率（一定）(*capital-output ratio*) である．この関係から，もし Y_t が ΔY_t だけ増加したとすると，K_t もまた増加する．したがって，$I_t = \kappa \Delta Y_t$ だけの投資が行われることになる．

原理である．しかしながら，Keynes 型投資関数は企業行動に関するミクロ（経済学）的な基礎づけをもっていない．この点について次節で見てみることにしよう．

9.2 企業の投資決定

最適な投資水準を考えるに際して，企業の所有者は将来にわたって生じる利潤流列の現在価値を最大化する．

$$V(0) = \sum_{t=0}^{T} \frac{\Pi_t}{(1+r)^t}$$
$$= \sum_{t=0}^{T} \frac{1}{(1+r)^t} [P_t F(L_t, K_t) - w_t L_t - P_t^I I_t] \tag{9.1}$$

(9.1) 式において，Π_t は t 時点における利潤総額，r は利子率，P_t は企業が生産する財（総生産量 Y）の価格（指数），w_t は賃金率，P_t^I は投資財価格，そして I_t は総粗投資を表す．生産量 $Y_t = F(L_t, K_t)$ は，労働 L_t と物的資本 K_t の関数として定式化されており，$\frac{\partial F(L_t, K_t)}{\partial L_t} = F_{L_t} > 0$，および $F_{K_t} > 0$ が仮定される．また，企業は 0 期から T 期まで存続すると仮定する．

資本は，次式にしたがって蓄積される．

$$K_{t+1} = K_t + I_t - \delta K_t$$
$$= K_t(1-\delta) + I_t \tag{9.2}$$

ここで，I_t は粗投資（$I_t = K_{t+1} - K_t + \delta K_t$，すなわち純投資 $K_{t+1} - K_t$ と更新投資 δK_t の和），δ は減価償却率である．

企業の最大化問題は，次式で与えられる．

$$\max_{L_t, K_t, I_t} V(0) = \sum_{t=0}^{T} \frac{\Pi_t}{(1+r)^t}$$

subject to $\quad K_{t+1} = K_t(1-\delta) + I_t \qquad t=(0, 1, \cdots, T)$ (9.3)

Lagrange 関数を次式のように定義する．

$$\Gamma = \sum_{t=0}^{T} \frac{1}{(1+r)^t} [P_t F(L_t, K_t) - w_t L_t - P_t^I I_t] + \sum_{t=0}^{T} \lambda_t [I_t + K_t(1-\delta) - K_{t+1}]$$
(9.4)

最大化問題の1階の条件は，以下で与えられる．

$$\frac{\partial \Gamma}{\partial L_t} = \frac{1}{(1+r)^t}(P_t F_{L_t} - w_t) = 0 \tag{9.5}$$

$$\frac{\partial \Gamma}{\partial K_t} = \frac{P_t F_{K_t}}{(1+r)^t} + \lambda_t (1-\delta) - \lambda_{t-1} = 0 \tag{9.6}$$

$$\frac{\partial \Gamma}{\partial I_t} = -\frac{P_t^I}{(1+r)^t} + \lambda_t = 0 \tag{9.7}$$

(9.6) 式の中で λ_{t-1} となっているのは，K_t が $t-1$ 期の制約，すなわち $\lambda_{t-1}[I_{t-1} + K_{t-1}(1-\delta) - K_t]$ の中にも表れるからである．

9.2.1 資本の使用者費用

(9.7) 式から，次式が得られる．

$$\lambda_t = \frac{P_t^I}{(1+r)^t}$$

および

$$\lambda_{t-1} = \frac{P_{t-1}^I}{(1+r)^{t-1}}$$

これらを (9.6) 式に代入すると，次式が得られる．

$$\frac{P_t F_{K_t}}{(1+r)^t} + \frac{P_t^I(1-\delta)}{(1+r)^t} - \frac{P_{t-1}^I}{(1+r)^{t-1}} = 0$$

第1項の $\dfrac{P_t F_{K_t}}{(1+r)^t}$ 以外を右辺に移行し，さらに両辺に $\dfrac{(1+r)^t}{P_t}$ をかけると，次式が得られる．

$$\begin{aligned} F_{K_t} &= \frac{\delta P_t^I + r P_{t-1}^I - (P_t^I - P_{t-1}^I)}{P_t} \\ &= \frac{C_t}{P_t} \end{aligned} \quad (9.8)$$

(9.8) 式は資本の実質使用者費用（*real user cost of capital*）$\dfrac{C_t}{P_t}$ を表している．資本の使用者費用 C_t は3つの項からなっている．それは，資本投資の償却費用（*depreciation cost*）δP_t^I と t-1 時点で評価した t 期間中における資本保有の利子費用（*interest cost*）$r P_{t-1}^I$ の和，そして差し引かれる資本財価格の上昇分（ここから投資家は利益を得る）$P_t^I - P_{t-1}^I$，の3つである．資本の実質使用者費用は，名目使用者費用 C_t を物価指数 P_t で除して求められる．

(9.8) 式が意味するところは，企業は資本の限界生産物 F_{K_t} と実質使用者費用 $\dfrac{C_t}{P_t}$ が等しくなる水準まで投資を行うことが最適であるということである．

資本ストックの均衡水準を陰関数で表記すると，次式のようになる．

$$K_t^* = K(Y_t,\ C_t,\ P_t)$$

ここで，$Y_t = F(L_t,\ K_t)$ はその経済の総生産量である．

9.2.2 Cobb-Douglas の例

ここでは，一般に用いられる Cobb-Douglas 型生産関数に基づいて K^* の特定化を行う．

$$Y_t = A K_t^\alpha L_t^{1-\alpha} \tag{9.9}$$

ここで，A は正の生産性パラメータ，α は 0 と 1 の間（$0<\alpha<1$）の値をとる資本の生産弾力性を表す．(9.9) 式から，資本の限界生産物は $F_{K_t} = A\alpha K_t^{\alpha-1} L_t^{1-\alpha} = \dfrac{\alpha Y_t}{K_t}$ である．これを (9.8) 式に代入すると，次式が得られる．

$$\frac{\alpha Y_t}{K_t^*} = \frac{C_t}{P_t}$$

ここから

$$K_t^* = \frac{\alpha P_t Y_t}{C_t}$$

を求めることができる．

この式から，資本の最適水準 K_t^* は価格水準 P_t と総生産量 Y_t とともに増加し，（名目）使用者費用 C_t とともに減少することがわかる．

9.2.3 Tobin の q

資本の実質使用者費用の式を書き換えると，次式が得られる．

$$P_t F_{K_t} + P_t^I(1-\delta) - P_{t-1}^I(1+r) = 0$$

ここで，$P_{t-1}^I(1+r)$ を右辺に移項し，両辺に$\dfrac{1}{P_{t-1}^I(1+r)}$をかけると，次式が得られる．

$$\frac{1}{1+r}\frac{P_t F_{K_t}+P_t^I(1-\delta)}{P_{t-1}^I}=1 \tag{9.10}$$

左辺の項は，Nobel賞を受賞したJames Tobinにちなんで，Tobinの限界q（*Tobin's marginal q*）と呼ばれる．Tobinの限界qは，$t-1$期に資本ストックが1単位増加したときのt期における企業価値の変化分$P_t F_{K_t}+P_t^I(1-\delta)$を，資本を1単位取得するのに要した取得費用$P_{t-1}^I$で除し，さらにそれを割引率$\dfrac{1}{1+r}$で$t-1$期に割り戻した価値として表される．

企業価値の上昇は，収入の増加$P_t F_{K_t}$と資本価値の上昇$P_t^I(1-\delta)$から生じる．F_{K_t}は収穫逓減という性質からK_tが増加するにつれて減少する．均衡では，企業の割引価値の増分と資本が1単位増加したときの費用P_{t-1}^Iとが等しくなる．Tobinのqが1よりも大きい（あるいは小さい）場合は，企業が均衡状態にないことを意味する．このとき資本ストックが増加（減少）した場合の限界的な利益は限界費用を上回る状態にあることを意味する．したがって，資本ストックは最適水準K^*に達するまで増加するが，K^*に到達したときのTobinの限界qは1であることが要請される．

9.3　調整費用

企業にとって投資費用は資本財の購入費用だけではない．調整費用は，通常，企業内部で必要となる諸活動の再組織化全般にその源泉があると考えられている．たとえば，新しいソフトを搭載した新しいコンピュータを考えると，インストールに加えて，それを使用する労働者の訓練も必要となる．こうした訓練費用は購入費用に加えてさらに必要となる費用である．

調整費用を $A(I_t)$ と定義する．調整費用は投資規模が増加するにつれて増大するという特性 $A'(I_t) > 0$ があると仮定される．調整費用を考慮すると，利潤関数は次式のように書き換えられる．

$$\sum_{t=0}^{T} \frac{1}{(1+r)^t} [P_t F(L_t, K_t) - w_t L_t - P_t^I I_t - A(I_t)] \tag{9.11}$$

投資の1階の条件は新たに，

$$\frac{\partial \Gamma}{\partial I_t} = \frac{-P_t^I - A'(I_t)}{(1+r)^t} + \lambda_t = 0 \tag{9.12}$$

となるが，他の1階の条件は前と同じである．

(9.12) 式から，

$$\lambda_t = \frac{P_t^I + A'(I_t)}{(1+r)^t} \tag{9.13}$$

が得られる．

(9.13) 式は，調整費用が存在するとそれが存在しない場合に比べて投資の限界費用は増大することを示している．その結果，投資規模は概して縮小する．

9.3.1 調整費用の種々の形態

投資に関する文献では主に3つのタイプの調整費用が議論される．調整費用が発生する源泉の1つに投資の不可逆性（*investment irreversibility*）が挙げられる．企業が資本を1単位購入した後，その資本財の中古価格（下取り価格）は著しく低下するであろう．資本ストックを増加させることはたやすいが，それを減らすことは難しい場合が多い．工場はそうした例の1つである．工場はその企業が目指す生産量に見合う規模で建設される．まったく同種の

企業が，これまたまったく同じ必要性をもって近隣に存在する（立地している）という可能性は低い．そのため，必要なときにその工場をすぐに売却することは難しい．

不可逆性に起因する費用を盛り込む簡単な方法は，調整費用を

$$A(I_t) = (P^I - P^S) I_t \tag{9.14}$$

のように定式化することである．ここで，$P^I - P^S$ は資本の購入価格と将来の潜在的な売却価格の差を表す．この差が大きければ，企業は資本を将来売却する必要がないと確信できるときにだけ購入することになる．

調整費用の第2のタイプは，大きな固定費用を構成要素として含むという定式化である．

$$A(I_t) = F + \kappa(I_t) \tag{9.15}$$

(9.15) 式では，調整費用は $F>0$ である固定費用と $\kappa'(I_t)>0$ である可変費用の2つからなっている．固定費用は，投資を実施した後に財の生産方法を大きく，かつ不連続な形で変化させる必要性が生じた場合の費用も対象となりうる．不可逆性や固定的な調整費用を考慮した調整費用モデルはともに，投資が行われなかった長い期間が突然の大規模な投資によって終了するという非連続的（一括的）な形で投資が行われる可能性も想定している．

それに対して，調整費用の第3のタイプは費用が徐々に増加していくように定式化するというもので，これまでのタイプとは性質が大きく異なる．

$$A(I_t) = \frac{a\,I_t^2}{2} \tag{9.16}$$

(9.16) 式において，$a>0$ はパラメータである．また，資本ストックが減少するとき投資 I_t は負にもなりうると仮定する．(9.16) 式を微分すると，$I>0$ のときは $A'(I) = aI > 0$，$I<0$ のときは $A'(I) = aI < 0$ となる．さらに，$A''(I) =$

$a>0$ である.これは,費用が(投資に対して)凸であることを意味する.この凸性という性質は,資本ストックが変化する際にかかる費用が資本が増加する以上の割合で増加してしまうということを表している.このような場合,投資家は資本を漸進的に変化させると考えられる.もちろん,企業の調整費用が実際どのタイプであるかはその企業の生産構造や体質に依存することはいうまでもない.

9.4 住宅市場

典型的な家計が生涯において決断する最も重要な投資決定は,住む家を購入するかどうか,またそれをいつ購入するかという選択であろう.住宅投資の決定に際して,家族は消費する通常の財の最適な組み合わせとともに住宅を保有することから得られる効用についても考える必要がある.

住宅投資の問題を静学的な問題として考えてみよう.ある時点における住宅ストックの総額を住宅ストックの規模 H(平米数)に住宅1単位当たりの価格 p^H をかけて表すことにする[3].すなわち,$p^H H$ である.住宅を購入するとき,家計はその全額を借入によって賄うものとする.各期において家計は $rp^H H$ の利子を支払う.簡単化のため,当面の間,家計は借入資金(元金)は返済する必要がないと仮定する.ただし,$\delta p^H H$ に相当する住宅の修繕費と維持費用は負担しなければならないとする.ここで,$\delta > 0$ は住宅ストックの減価償却率である.以上を考慮すると,住宅を1期間保有するときにかかる費用総額は $(r+\delta)p^H H$ と表される.

家計は毎期 y の所得を稼ぐとする.そして,その所得は次式のように消費 c と住宅に対して支出される.

$$c + (r+\delta)p^H H \leq y$$

簡単化のため,貯蓄は考えないものとする.

---

[3] 以下の部分は,Sørensen and Whitta-Jakobsen(2005,第15章)の分析と類似している.

さらに，効用は消費活動と居住の双方から得られると仮定する．効用関数は対数線形を想定する．

$$U = \ln c + \eta \ln H \tag{9.17}$$

(9.17) 式において，$\eta > 0$ であるが，これは住宅に対する相対的な重要度を表している．もし，$\eta > 1$ であれば，家計は財の消費よりも住宅（居住）からより大きな限界効用を得ていることを意味する．

家計の目的は，最適な住宅保有量を選択することである．予算制約式を効用関数に代入すると，次式が得られる．

$$U = \ln[y - (r+\delta)p^H H] + \eta \ln H$$

最大化のための1階の条件は，次式で与えられる．

$$\frac{dU}{dH} = -\frac{(r+\delta)p^H}{y - (r+\delta)p^H H} + \frac{\eta}{H} = 0$$

この条件式を変形すると，家計の住宅に対する需要を求めることができる．

$$H^D = \frac{\eta y}{p^H (r+\delta)(1+\eta)} \tag{9.18}$$

住宅供給は短期的に H^S の水準で固定されているとしよう．均衡では，需要量と供給量は等しい．すなわち，$H^S = H^D$ である．以上から，住宅の均衡価格を求めることができる．

$$p^{H,*} = \frac{\eta y}{(r+\delta)(1+\eta) H^S}$$

住宅価格は短期的な住宅供給量 H^S が増加すると低下する．これは特に驚くべきことではない．現存する住宅ストックの量が多いほど価格がより低くなるのは明らかである．より興味深く思われる点，あるいは多くの家計にとって常に関心の的となる（重要な）点というのは，住宅の均衡価格が利子率 r の上昇とともに低下するということである．中央銀行が金融政策を実施して，利子率が突然（期待に反して）低下したとしよう．すると，需要曲線は右方へシフトする．そのため，一時的ではあるが住宅市場では超過需要が発生する．**図9.1** には住宅価格がより高い新しい水準（$p^{H,**}$）へと上昇する様子が描かれている．

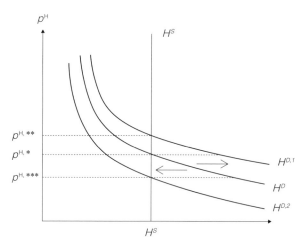

図 9.1 住宅の均衡価格に対する利子率および所得の低下の影響

景気が後退して家計の所得 y が減少した場合の影響についても見ておこう．典型的な動きとしては，物価は短期的には初期水準 $p^{H,*}$ からゆっくりと調整される．そのため，住宅市場では超過供給（空き家）が発生する．賃金がまさにそうであるように，住宅価格も傾向性として下方に対しては硬直的である．住宅価格が下落すると住宅を保有する人たちの資産は減少する．人々は自分たちが支払った購入価格よりも低い価格で住宅を手放すというのは嫌

がるものである（担保価値がローンを下回るという事態が米国において生じた）．したがって，価格の下方への調整はゆっくりしたものとなる．最終的には，価格はより低い新しい均衡水準 $p^{H,***}$ へと落ち着いていくことになる．

第10章 失業と労働市場

前章では資本の蓄積について議論した．本章では，もう一方の主要な生産要素である労働について議論することにしよう．先進国では一般的に，資本市場はかなり効率的に機能しており，それゆえ需要と供給はたいてい一致すると想定されるが，こうしたことは労働市場には全くあてはまらない．実際，労働需要と労働供給が一致するという状況が労働市場の特徴とされることは滅多にない．資本市場と労働市場は，驚くほど異なっているのである．この点については，労働市場には様々な種類の市場の失敗が影響しているからであるという見解が Keynes の時代から既にあった．以下では，こうした見解について，議論する．

本章で取り上げる主な論題は，Shapiro and Stiglitz (1984) による効率賃金 (*efficiency wages*) 理論，賃金設定に関するインサイダー・アウトサイダー (*insider-outsider*) モデル，そして Peter Diamond, Dale Mortensen および Christopher Pissarides によって発展したサーチ・マッチング (*search and matching*) 理論の3つである．

10.1 労働市場の不均衡

第6章で示されたように，労働需要も労働供給も現行の賃金率に依存する．$L^D(w)$ を企業が需要する総労働時間（あるいは労働者数）とする．それは，$\dfrac{dL^D(w)}{dw}<0$ を満たす賃金率の関数である[1]．同様に，総労働供給は $\dfrac{dL^S(w)}{dw}>0$ を満たす $L^S(w)$ で表わす．もし，労働市場が「正常 (*normal*)」であれば，均衡賃金率 w^* において $L^D(w^*)=L^S(w^*)$ となるであろう．しかし，世界の国々の状況を見渡してみると，現行の賃金率は $\tilde{w}>w^*$ であることが多い．こ

---

[1] 労働需要は，企業の標準的な利潤最大化の1階の条件，すなわち限界生産物は賃金率に等しいという条件から引き出される陰関数であることを想起しよう．

のことは，図 10.1 で示されるように，$L^D(\tilde{w}) < L^S(\tilde{w})$ であることを意味する．こうした $L^S(\tilde{w}) - L^D(\tilde{w}) = \mu$ に等しい超過供給は，一般に失業（*unemployment*）と呼ばれている．

賃金率は，なぜ均衡水準よりも非常に高い水準に設定されるのであろうか．これは，失業理論がずっと関心を抱いてきた問題である．Keynesian は，賃金は下方には「粘着的（*sticky*）」，上方には伸縮的であるという形でモデル化を行ってきた．Keynesian の理論家たちは，労働市場は国民の大多数にとって生計を立てる場であるため，非常に特殊な市場であると強調する傾向があった．

以下の節では，これまで展開されてきた3つの主要な学説について議論する．それは，労働者を動機付けし怠業を減らすために企業は高い賃金を支払うという学説（効率賃金理論（*efficiency wage theory*）），企業は賃金を切り下げたくても契約や労働組合によってそれが阻止されるという学説（インサイダー・アウトサイダー理論（*insider-outsider theory*）），そして失業は主として労働者の異質性や適材適所という本質的な問題があるために発生するという学説（サーチ・マッチング・モデル（*search and matching models*）），の3つである．

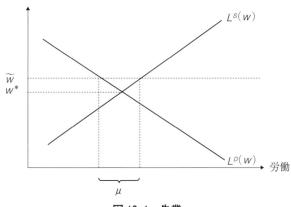

図 10.1 失業

10.2 効率賃金

　効率賃金理論の重要な仮定は，賃金率が個々の労働者の行動に影響を与えるということである．より具体的にいえば，賃金を高く設定すればするほど労働者は熱心に働き，努力をするだろうという想定である．こうした想定がなぜ当てはまるかについては幾つかの理由が考えられる．発展途上国では，賃金が高いということは，より多く，またより安定的に食べ物が手に入るということを意味する．そのため，賃金の高さはそうした努力に直結する．一方，先進諸国では，それは，労働者が本当に熱心に働いているのかどうかを管理職が監視するのは困難であるという大きな問題に関係している．もし，労働者が同一賃金で他所でも簡単に類似の仕事を見つけることができるのであれば，そうした状況は仕事を怠ける誘因となるかもしれない．それゆえ，本来の水準以上に賃金を上げることによって，解雇の原因となりかねない怠業がコストのかかる行為であると個々の労働者に意識づけることができる．3番目の理由は，高い賃金が求職者の質の改善につなげられるかもしれないということである．また，高い賃金は，同僚間や企業に対する誠心を築くことにも寄与するかもしれない．逆に言えば，賃金の引き下げは不満と怠業の原因になるということである．

　これらの考え方は，企業の利潤関数を以下のように仮定することで定式化できる（Romer（2005））．

$$\Pi = F(eL) - wL \tag{10.1}$$

ここで，$F(eL)$ は企業の生産関数（企業の総収入），eL は「効率（*effective*）」労働，w は賃金率，L は雇用された人数を表す．労働は唯一の生産要素であり，生産された財の価格は1に基準化されている．生産関数は標準的な性質，$F'(eL) > 0$ および $F''(eL) < 0$ を持つと仮定する．このモデルで重要な仮定は，関数 $e(w)$ が $e'(w) > 0$，すなわち，努力が賃金水準に反応するということである．したがって，賃金は企業利潤に対して正と負の双方向に影響を与

えることになる．つまり，賃金は文字通り賃金の支払いという意味で直接的な費用となる一方で，労働者に対してさらなる努力を促し，その結果，企業の純収入の増加にもつながるということである．

企業の最大化問題とは，利潤 $\Pi = F(e(w)L) - wL$ を最大化するように，賃金水準 w と雇用者数 L を選択するということである．最大化のための1階の条件は，次式で表わされる．

$$\frac{\partial \Pi}{\partial w} = F'(e(w)L)Le'(w) - L = 0 \tag{10.2}$$

$$\frac{\partial \Pi}{\partial L} = F'(e(w)L)e(w) - w = 0 \tag{10.3}$$

(10.3) 式から，$F'(e(w)L) = \frac{w}{e(w)}$ であることが分かる．これは，標準的な最適化条件の修正版と解釈することができる．すなわち，効率労働の限界生産物 $F'(e(w)L)$ は（努力で調整された）限界費用 $\frac{w}{e(w)}$ に等しくなければならないということである．この条件を (10.2) 式に代入して整理すると，次の最適化条件が得られる．

$$\frac{\tilde{w}}{e(\tilde{w})}e'(\tilde{w}) = 1 \tag{10.4}$$

左辺は，賃金に対する努力の弾力性を表す．この等式を成立させる賃金が $\tilde{w}$ である．このような賃金が見いだされるかどうかは，関数 $e(w)$ の特性に大きく依存する．**図10.2** は，$w > 0$ の範囲において均衡効率賃金が存在する1つの例を示している．

なお，企業の労働需要は陰関数として (10.3) 式で与えられる．

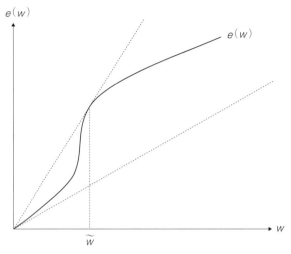

図 10.2　効率賃金均衡の例

10.3 Shapiro-Stiglitz モデル

上述の効率賃金モデルは，なぜ企業は賃金を労働の需給均衡を満たす以上の水準に設定しようと望むのか，ということについて一つの洞察を与えている．以下の Shapiro and Stiglitz (1984) による効率賃金モデルは，個人の意思決定行動について，より詳細な分析を可能とする．労働者は以下のような瞬時的効用関数をもつと仮定する．

$$U(w,e) = w - e \tag{10.5}$$

ここで，w は受け取った賃金，e は発揮した努力である．効用関数は努力の減少関数，賃金の増加関数である．さらに，個人は $e=0$，あるいは $e=\bar{e}>0$ のどちらかを選択できると仮定する．どちらを選択しても，労働者は単位時間あたり b の確率で仕事を失うとする．怠業した場合は，それに解雇される確率 q が加わる．$q<1$ の場合とは，管理者の監視が不完全であることを意味する．つまり，怠業した労働者が引き続き仕事を続けられる確率が $1-q$ だけあ

るということである.労働者は失業すると失業手当 $\bar{w}$ を受け取る.簡単化のため,労働者は無限の生涯にわたる効用の期待割引現在価値を最大化すると仮定する.利子率は,$r>0$ である.

労働者にとって重要な選択は,怠業するかどうかである.雇用中の怠業者の生涯効用を V_E^S とする.また,雇用中の非怠業者の生涯効用を V_E^N とする.怠業者の「基本資産方程式 (*fundamental asset equation*)」と呼ばれる次の式は,利子率と「資産 (*asset*)」V_E^S の積が,「便益のフロー (*flow benefit*)」(それは賃金 w に等しい) から失業による資産価値の変化分の期待値 $(b+q)(V_E^S-V_U)$ を引いたものに等しくなければならないことを示している.

$$rV_E^S = w - (b+q)(V_E^S - V_U) \tag{10.6}$$

この条件式は,次のように解釈することができる.V_E^S は,労働者が保有可能な資産とみなされる.それを誰もが保有できるためには,その資産は単位時間あたり市場利子率 r に等しい収益率をもたらすものでなければならない.同じ単位時間において,個人は賃金 w を受け取るが,確率 $(b+q)$ で失業する危険に直面する.失業した場合,労働者は V_E^S と V^U の差の分だけ生涯効用を失う.$V_E^S > V^U$ であるから,怠業には「費用 (*cost*)」$(b+q)(V_E^S - V_U)$ が伴う.ゆえに,均衡では,(10.6) 式が満たされなければならない.

非怠業労働者の生涯効用は V_E^N であり,彼らの資産方程式は以下のように表される.

$$rV_E^N = w - \bar{e} - b(V_E^N - V_U) \tag{10.7}$$

この場合,労働者は怠業せず,努力 $\bar{e}$ を発揮する.また,怠業によって解雇される確率はゼロである.

これら 2 つの方程式から,V_E^S と V_E^N について解くことができる.

$$V_E^S = \frac{w+(b+q)V_U}{r+b+q}$$

$$V_E^N = \frac{w-\bar{e}+bV_U}{r+b} \tag{10.8}$$

仮に $V_E^N \geq V_E^S$ が成り立つならば，合理的な個人は怠業を選択しないだろう．これを「非怠業条件（*no-shirking condition*）」（NSC）と呼ぼう．(10.8) 式を用いれば，これら2つの水準を比較することができる．

$$V_E^S \leq V_E^N$$
$$\Rightarrow \frac{w+(b+q)V_U}{r+b+q} \leq \frac{w-\bar{e}+bV_U}{r+b}$$
$$\Rightarrow w+(b+q)V_U \leq (w-\bar{e}+bV_U)\left(1+\frac{q}{r+b}\right)$$
$$\Rightarrow -\frac{q}{r+b}w \leq (bV_U-\bar{e})\left(\frac{r+b+q}{r+b}\right)-(b+q)V_U$$

両辺に $-\dfrac{r+b}{q}$ を乗じると，次式が得られる．

$$w \geq (\bar{e}-bV_U)\left(\frac{r+b+q}{q}\right)+\frac{(b+q)(r+b)V_U}{q}$$
$$\geq \frac{(\bar{e}-bV_U)(r+b+q)+(b+q)(r+b)V_U}{q}$$
$$\geq \frac{\bar{e}(r+b+q)}{q}+rV_U \tag{10.9}$$

(10.9) 式は，労働者を怠業させないために支払う必要がある賃金を表している．全ての企業は NSC（非怠業条件）を認識しているため，怠業が起こらないように $V_E^N = V_E^S = V_E$ に賃金を設定する．

もし，$V_E^N = V_E^S = V_E$ ならば，(10.6) 式と (10.7) 式の右辺を等号で結ぶことができる．さらに，V_E を代入すると，次式が得られる．

$$w-(b+q)(V_E-V_U)=w-\bar{e}-b(V_E-V_U)$$
$$\Rightarrow V_E-V_U=\frac{\bar{e}}{q}$$

非怠業のときの資産方程式（10.7）式も，次のように書き換えることができる．

$$w=\bar{e}+rV_E+b(V_E-V_U)$$
$$=\bar{e}+rV_U+(b+r)(V_E-V_U) \tag{10.10}$$

この式は後で役に立つであろう．

失業した場合の生涯効用 V_U についての解はまだ得られていない．先ほどと同じ手法を使って，失業した個人の基本資産方程式を以下のように表そう．

$$rV_U=\bar{w}+a(V_E-V_U) \tag{10.11}$$

ここで，$a>0$ は失業中の労働者が新しい仕事を見つけることができる単位時間あたりの確率を表す．既に述べたように，$\bar{w}>0$ は失業手当の水準である．

（10.11）式，および $V_E-V_U=\frac{\bar{e}}{q}$ という結果を（10.10）式に代入すると，NSC を満たす賃金率を次のように求めることができる．

$$w=\bar{w}+\bar{e}+(a+b+r)\frac{\bar{e}}{q}$$

この臨界賃金率は，失業手当 $\bar{w}$，必要とされる努力水準 $\bar{e}$，新しい仕事が見つかる確率 a，失業する確率 b，利子率 r のいずれかが上昇すると上昇し，逆に怠業した労働者が見つかる確率が上昇すると低下する．$\bar{w}$ の項は失業手当の手厚さを表す指標と考えられるかもしれない．もし，失業手当が多ければ労働者は失業によって失うものが少ないため，怠業する傾向が強くなる．し

たがって，企業はより高い賃金を支払う必要がある．また，失業した労働者が新しい職を見つけやすい場合，失業による期待損失は小さくなる．この場合も，怠業する傾向は強くなるので，企業は高い賃金を支払う必要がある．

雇用水準はどうなるであろうか．定常均衡においては，失業者数は新しく仕事を見つける人数と等しくなる．任意の時点において失業した労働者の数を Lb とする．ここで，L はそれまで雇用されていた労働者の総数を表す．同様に，任意の時点において新しい仕事を見つけた失業者の数を $a(N-L)$ とする．これらを等しいとおいて，a について解くと，$a=\dfrac{Lb}{N-L}$ が得られる．これは，$a+b=\dfrac{Nb}{N-L}$ を意味する．$\dfrac{N-L}{N}=\mu$ は失業率を表すから，最終的にNSC（非怠業条件）は次式のように表わされる．

$$w=\bar{w}+\bar{e}+\left(\frac{b}{\mu}+r\right)\frac{\bar{e}}{q}\equiv\tilde{w}$$

以上が，労働の供給側についての議論である．労働の需要側については，RBC モデルのように代表的な企業に着目して考えることにしよう．この代表的企業の生産関数は $Q=F(L)$，利潤関数は $\Pi=F(L)-wL$ で与えられると仮定する．さらに，$F'(N)>\bar{e}$ を仮定する．これは，仮に潜在的な労働者が全て雇用されたとしても，彼らの限界生産物は要求される努力水準よりも高いことを意味する．そうであるとすると，企業にとって完全雇用は望ましいものとなりうる．

RBC モデルにおいても通常の利潤最大化のための 1 階の条件，$F'(L)=w$ が得られる．それゆえ，均衡では，労働の限界生産物は NSC（非怠業条件）に等しくなければならない．すなわち，$F'(L)=\bar{e}+\left(\dfrac{b}{\mu}+r\right)\dfrac{\bar{e}}{q}$ である（ただし $\bar{w}=0$ を仮定している）．この式は，労働市場における雇用の均衡水準を明らかにしている．労働者の怠業を防ぐために必要な賃金が上昇すると，失業水準は上昇してしまう．失業した労働者は $\tilde{w}$ 以下の賃金でも働く気にはなるだろうが，その賃金では怠業の回避は約束されない．したがって，彼らは雇用されないのである．

10.4 インサイダー・アウトサイダー・モデル

　ヨーロッパの失業水準がアメリカ以上に高い主たる理由は労働組合の強さにあると一般には考えられている．組合が失業に対して及ぼす影響を直観的に理解するために，ここでは組合がその構成員である雇用済みの「インサイダー (insiders)」のことだけを考え，賃金を完全雇用均衡の水準を越える高い水準に設定するという目的をもって行動すると仮定する．労働市場におけるインサイダーとアウトサイダーの理論は，Lindbeck and Snower (1986) が嚆矢となった．

　この理論をより形式的に分析するために，代表的企業の利潤が次式で表わされると仮定しよう．

$$\Pi = AF(L_I + L_O) - w_I L_I - w_O L_O$$

ここで，A は確率的な生産性水準であり，その定義は次の段落で示される．L_I はインサイダーの雇用量，L_O はアウトサイダーの雇用量，w_I と w_O はそれぞれの賃金水準である．インサイダーとアウトサイダーの限界生産物は同一であり，$F_{L_I} = F_{L_O} > 0$ である．そのためインサイダーとアウトサイダーの労働は生産に関して完全代替となる．さらに，インサイダーの交渉力は，$L_I = \bar{L}_I$ という状況である程度示されると仮定する．これは，常にインサイダーが確実に雇用されることを意味する．

　A は，確率 p_i で A_i の値をとる確率的シフトパラメータである．簡単化のため，$A_i = \{A_G, A_B\}$ と仮定する．ここで，$A_G > A_B$ であり，良い結果も悪い結果も確率 $p_G = p_B = \dfrac{1}{2}$ で起こるものとする．インサイダーは，自身の賃金水準のみから効用を得る．すなわち，$u_I = U(w_I)$ である．ただし，$U'(w_I) > 0$ とする．

　組合の交渉力は，2つの方法で顕在化する．第1に，彼らは自らの賃金と任意のアウトサイダーが得るであろう賃金との関係を $w_O = R w_I$ のように定めることができる．ただし，$R \in (0, 1)$ である．R が高い（または殆ど1に等し

い）とき，組合の力は強くなる．なぜなら，そのときアウトサイダーが労働市場に参入する際，より低い賃金で働くという提案ができなくなるからである．第2に，インサイダーは，自らの効用が留保効用 u_0 を下回るとストライキを実施する．それゆえ，企業に残されている選択肢は，経済状態 $i=G, B$ 毎にアウトサイダーの雇用数 $L_{O,i}$ とインサイダーの賃金水準 $w_{I,i}$ を決めることのみである[2]．

インサイダー・アウトサイダー・モデルの企業の最大化問題は次の通りである．

$$\max_{L_{O,i}, w_{I,i}} \sum_{i=G,B} p_i [A_i F(L_I + L_{O,i}) - w_{I,i} L_I - R w_{I,i} L_{O,i}]$$
$$\text{subject to} \quad \sum_{i=G,B} p_i U(w_{I,i}) \geq u_0$$

Lagrange 関数は次式で与えられる．

$$\Gamma = \sum_{i=G,B} p_i [A_i F(L_I + L_{O,i}) - w_{I,i} L_I - R w_{I,i} L_{O,i}] + \lambda (\sum_{i=G,B} p_i U(w_{I,i}) - u_0)$$

$L_{O,i}$ と $w_{I,i}$ について1階の条件を求めると，次式が得られる．

$$\frac{\partial \Gamma}{\partial L_{O,i}} = \frac{1}{2} [A_i F'(L_I + L_{O,i}) - R w_{I,i}] = 0 \tag{10.12}$$

$$\frac{\partial \Gamma}{\partial w_{I,i}} = \frac{1}{2} [-(L_I + R L_{O,i}) + \lambda U'(w_{I,i})] = 0 \tag{10.13}$$

（10.12）式より，アウトサイダーの雇用の最適水準は，$A_i F'(L_I + L_{O,i}^*) = R w_{I,i}$ を満たさなければならないことが分かる．これは，限界生産物が限界費用に等しくなければならないという標準的な結果である．景気循環の過程に

---

[2] 別の利潤最大化行動としては，期待利潤を最大化する企業が，期待される結果に基づき L_O と w_I の水準を選ぶことだけを行うというものが考えられる．

おいて良いときと悪いときの結果を比較すると、左辺は $A_i = A_G$ のときに大きな値をとることが分かる。それゆえ、1階の条件を回復するためには、$F'(L_I + L_{O,i}^*)$ が低下しなければならない。それは、$L_{O,G}^* > L_{O,B}^*$ のときにのみ可能である。このようにして、企業は好景気のときにはより多くのアウトサイダーを雇う。そのことは理にかなっている。重要なことは、たとえば R の増加にみられる組合の交渉力の増大は $F'(L_I + L_{O,i}^*)$ の増加によってバランスを保たれなければならず、それは $L_{O,i}^*$ の減少を通じてのみ可能、ということである。したがって、このような意味において、強力な労働組合は失業を増加させる。

(10.13) 式からは、別の興味深い含意が得られる。インサイダーの賃金率が最適な $w_{I,i}^*$ のとき、1階の条件は $L_I + RL_{O,i} = \lambda U'(w_{I,i}^*)$ となる。ここで、A_G であれば、$L_{O,G}^*$ は相対的に高水準となり、そのことは $w_{I,G}^* < w_{I,B}^*$ を意味することを思い出そう（なぜなら、限界効用は $w_{I,i}^*$ の増加とともに減少するからである）。このように、インサイダーの賃金は反景気循環的で、不景気の時により高くなる。直観的には、企業とインサイダーはアウトサイダーが雇用されないよう連帯してこのような決定を行う、ということである。

10.5　サーチ・マッチング・モデル

サーチ・マッチング・モデルは、他の生産要素とは異なり、労働者が極端なまでに不均一であるという事実に着目する。この理論では、適切な人物にふさわしい仕事を見つけるのは現実的に複雑な仕事であり、失敗もすれば、失業の原因ともなり得ると考えている[3]。サーチ・マッチング・モデルは、Diamond (1982) や Mortensen and Pissarides (1994) などの研究が嚆矢となった。以下の説明は Acemoglu and Autor (2009) に拠るものである。

以下のような「マッチング関数 (*matching function*)」を通じて、労働市場における新たなマッチング M が生み出されると仮定しよう。

---

[3] 同様の基本的なサーチ・マッチング・モデルは、多かれ少なかれ結婚市場にも適用される。

$$M(U, V) = \eta U^\beta V^{1-\beta}$$

ここで，$\eta>0$ は新しい仕事が生み出される効率を表すパラメータ，$U=\mu N>M$ は失業者の数（失業率 μ に総労働力 N を掛けたもの），$V=\nu N$ は経済における欠員数（ν は欠員率）を表す．その経済において雇用者数は $L=N-\mu N$ である．標準的には，マッチング関数については規模に関する収穫一定が仮定される．それは，Cobb-Douglas 型として表すことができる．失業者数の 1 単位の増加は，新しく生み出される仕事の数を $\beta\dfrac{M}{U}<1$ だけしか増加させないことに注意しよう．

M を総労働力 N で割れば，次式が得られる．

$$\begin{aligned}m(\mu, \nu) &= \frac{M(U, V)}{N}\\ &= \eta\mu^\beta\nu^{1-\beta}\end{aligned}$$

以上から，関数 $m(\mu, \nu)<1$ は労働力全体におけるマッチング率と考えることができる．それは，失業率 μ と欠員率 ν の関数である．

労働市場の「逼迫性（*tightness*）」を $\theta=\dfrac{\nu}{\mu}$ で表わせると仮定しよう．θ は欠員率を失業率に関連付けている．もし，θ が低ければ，それは全ての失業者にとって相対的に欠員数が少ないことを意味する．したがって，低い θ は職探しが困難だという，逼迫した労働市場を示していることになる．

さらに，欠員 1 人あたりの，マッチングが成功するときの（Poisson 的な）到着率を次のように定義する．

$$q(\theta) = \frac{m(\mu, \nu)}{\nu}$$
$$= \eta \left(\frac{\mu}{\nu}\right)^{\beta}$$
$$= \eta \theta^{-\beta}$$

ここで，$q'(\theta) = -\eta\beta\theta^{-\beta-1} < 0$ である．Poisson 過程は，所与の短い時間間隔 Δt において，1 人の欠員が，1 人の適した労働者によって埋められる確率が $\Delta t \cdot q(\theta)$ であることを意味する．したがって，この確率は失業率 μ および時間間隔の長さ Δt とともに増加する．

1 人の失業者が仕事を見つけるときの Poisson 到着率も，同様に次式のように表わされる．

$$\frac{m(\mu, \nu)}{\mu} = \eta\theta^{1-\beta}$$
$$= q(\theta)\theta \tag{10.14}$$

この関数はある興味深い性質を有している．ここで，時間間隔を $\Delta t = 1$ であると想定しよう．すると，(10.14) 式は失業者が 1 単位時間の間に仕事を見つける確率を表す．いま失業率 μ がわずかに上昇したとする．その場合，欠員一人あたりのマッチング率 $q(\theta)$ は上昇するであろう．しかし，周囲には欠員を巡って競争する多数の失業者が存在するため，労働市場は逼迫し，仕事を見つける確率に与える純効果はマイナスとなる．すなわち，

$$\frac{\partial\left(\frac{m(\mu, \nu)}{\mu}\right)}{\partial \mu} = \frac{-\eta(1-\beta)\theta^{1-\beta}}{\mu} < 0$$ である．

Shapiro-Stiglitz モデルのように，ある時間間隔の間に失われた仕事の総数は $bL = b(N - \mu N)$ であり，ここで b は仕事を失った雇用者の割合を表す．b は，短い時間間隔 Δt の間に，個々の労働者が，外生的ショックの結果，仕事

を失う確率と考えることができる．

　均衡において，雇用される人々のフローは一定となり，$\dot{L}=\eta U^\beta V^{1-\beta}-bL=0$ となる．これは，マッチングを通じて生み出される仕事の数 ($\eta U^\beta V^{1-\beta}$) が失われる仕事の数 bL と等しくなることを意味している．N で割ると，次の均衡条件が得られる．

$$\eta(\mu^*)^\beta \nu^{1-\beta} = q(\theta)\theta\mu^* \\ = b(1-\mu^*) \qquad (10.15)$$

この方程式の内生変数は，失業率 μ^* である．(10.15) 式を満たす失業率は定常状態の水準でもある．なぜそうなるのかを理解するために，**図 10.3** を見てみよう．そこには雇用の創出と雇用の喪失が μ の関数として描かれている．$m(\mu,\nu)$ 曲線の傾きは正であり，μ について凹であるが，雇用喪失曲線の傾きは負であり，線形である．

　もし，$\mu>\mu^*$ の水準から出発するならば，マッチングの過程を通じて，失われる以上の仕事が生み出されることが分かる．このことは，これによって失業率 μ が減少するであろうことを意味する．もし，$\mu<\mu^*$ ならば，状況はもちろん正反対となる．定常状態の水準 $\mu=\mu^*$ においてのみ，この体系は均衡する．

　図 10.3 はまた，様々な比較静学の分析に用いることもできる．たとえば，政府の新しい失業プログラムの結果としてマッチングの効率性 η が上昇した場合を考えてみよう．η の上昇は，与えられたどの μ の水準に対しても，$m(\mu,\nu)$ 曲線を上方へシフトさせるであろう．このように新しい定常状態の水準は，$\mu^{**}<\mu^*$ となる．ν の上昇も類似の効果を持つと考えられるが，b の増加は μ^* の上昇を意味するであろう．

　均衡条件 (10.15) 式は，いわゆる Beveridge 曲線 (*Beveridge curve*) を描くのに利用することができる．それは，均衡における失業者数 U と欠員数 V の関係を示すものである ($U-V$ 曲線 (*U-V curve*) とよばれることもある)．曲線の傾きは，形式的には均衡条件を表す (10.15) 式から作られた関数 $B=\eta(\mu^*)^\beta \nu^{1-\beta} - b(1-\mu^*)=0$ を全微分することによって得られ，次式のように

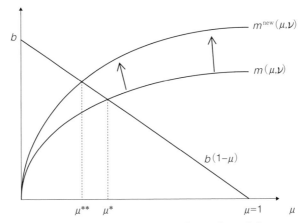

図 10.3　サーチとマッチングのモデルの均衡

表される．

$$\frac{d\mu^*}{d\nu} = -\frac{\frac{\partial B}{\partial \nu}}{\frac{\partial B}{\partial \mu}}$$

$$= \frac{-(1-\beta)\eta(\mu^*)^\beta \nu^{-\beta}}{\eta\beta(\mu^*)^{\beta-1}\nu^{1-\beta} + b}$$

$$= \frac{-(1-\beta)\eta}{\theta^\beta(\eta\beta\theta^{1-\beta} + b)} < 0$$

　こうした負の相関関係は，確かに直観から外れたものではない．なぜなら，欠員がより多くなると，それは失業率の低下を意味するからである．このことはまた，**図10.3**からも推測することができる．そこでは欠員の水準の高さが，より高い水準のマッチングを意味し，同時により低い水準の均衡失業率を意味する．こうした負の相関関係は，世界の多くの国々で頻繁かつ実証的に報告されている．

第3部
マクロ経済政策

Macroeconomic Policy

第11章 IS-MP，総需要，総供給

本書の第3部では，マクロ経済政策の効果に焦点を移して分析を行う．本章の大部分は，財市場と貨幣市場の IS-MP モデルに基づいている．このモデルは，家計の最適化行動に基づいていないという理由でミクロ（経済学）的な基礎づけを有していない．かわりに，マクロ変数の動き方に何らかの仮定を設けるという Keynesian の伝統にしたがうことにする．ただし，総供給についてはミクロ（経済学）的な基礎づけに基づいて定式化が行われる．それゆえ，本章の分析は他の諸章の分析とはかなり異なる．

まず，伝統的な Keynesian の枠組みから議論を始める．ここでは，総支出と乗数が議論される．総需要関数は財市場と貨幣市場の均衡から導出される．また，総供給関数の性質については，価格と賃金の安定性に関する仮定を修正した上で詳細に検討する．また，伝統的な Keynes 経済政策に対する Lucas 批判（*Lucas critique*）についても概観する．その後，標準的な IS-MP モデルに金融仲介機関を導入した新しいモデルを提示する．そして最後に，いわゆる new Keynesian の主な考え方について紹介する．

11.1 総支出と乗数

伝統的な Keynesian モデルでは，総需要（*aggregate demand*）に大きく焦点が当てられる．そのモデルの説明は，典型的には経済の使用者側を記述する方程式から始まる．総生産量（*total output*）を Y，（輸出 X と輸入 M を除く）閉鎖経済モデルにおける総支出を $E_t = C_t + I + G$ と表す．均衡では，総支出は総生産量と等しい．すなわち，$E_t = Y_t$ である．第8章で見たように，Keynes 型消費関数はしばしば，$C_t = c_a + c_{\mathrm{mpc}} Y_t^d = c_a + c_{\mathrm{mpc}}(1-\tau) Y_t$ と記述される．ここで，$c_a > 0$ は消費の中で所得とは独立（*autonomous*）した部分，$c_{\mathrm{mpc}} \in (0, 1)$ は限界消費性向（*marginal propensity to consume*：MPC），τ は（百分率で表示され

た）所得税率，そして Y^d は税引き後の可処分所得を表す．

使用者側の第2の構成要素は粗投資 I である．粗投資 I は，関数 $I=i_0-i_1r$ で与えられる．i_0 は実質利子率 r がゼロのときの関数の切片である．投資関数は，投資が実質利子率の上昇とともに減少することを示している[1]．政府支出 G は所得（*income*）からは独立していると仮定される．以上から，次式を得る．

$$Y_t=E_t$$
$$=c_a+c_{\mathrm{mpc}}(1-\tau)Y_t+I+G$$

所得を左辺に移して整理すると，次式が得られる．

$$Y_t=\frac{1}{1-c_{\mathrm{mpc}}(1-\tau)}(c_a+I+G)$$

よく知られたこの式は，2つの部分からなる．1つは独立支出（*autonomous spending*）（c_a+I+G），もう1つは乗数（*multiplier*）$\frac{1}{1-c_{\mathrm{mpc}}(1-\tau)}>1$ である．この式は，所得（そして生産量）の均衡水準が独立支出の変化とともにどのように変化するかを表している．特に，政府支出 G が増加した場合の効果に関心が向けられる．このモデルにしたがうと，G が1ユーロ増加したとき，生産量（所得）は $\frac{1}{1-c_{\mathrm{mpc}}(1-\tau)}>1$ ユーロ増加する．具体的な数値例，たとえば $c_{\mathrm{mpc}}=0.5$，$\tau=0.2$ を仮定すると，乗数は $\frac{1}{1-0.5(1-0.2)}=\frac{5}{3}$ となる．すなわち，G が1,000ユーロ増加すると総生産量（総所得）は1,667ユーロ増加するというわけである．明らかに，c_{mpc} が大きいほど，また τ が小さいほど，乗数は大きくなる．

乗数効果は，**図 11.1** に描かれている．この図は，古典的な Keynes の交差図（*Keynesian cross*）を表していて，当初の均衡所得水準は Y^* である．この均衡水準で，総支出は総生産量（45°線で与えられる）と一致する．独立政府支出

---

[1] 所得 Y_t が増加すると投資も増加すると仮定されることがある．しかし，本章ではそうした仮定を採用していない．

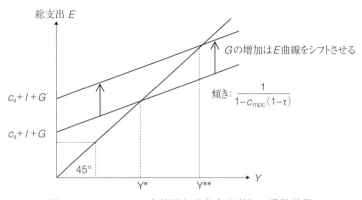

図 11.1 Keynes の交差図と政府支出増加の乗数効果

が G から G' へと増加すると，傾きが一定のまま総支出曲線が上方へシフトする．総支出が増加すると，均衡を回復するために総生産量と所得も増加しなければならない．所得が増加すると，消費は MPC を通じて増加する．そしてこの消費の増加が更なる支出の増加へとつながっていく．最終的には，生産量の新しい均衡水準は，$Y^{**} > Y^*$ となる．乗数効果は $G' - G < Y^{**} - Y^*$ で表される．すなわち，均衡生産量 (*equilibrium output*) は当初の G の増加以上の大きさで増加するというわけである．

11.2 IS-MP モデル

本節では，物価が完全に固定していると仮定する伝統的な Keynesian の枠組みの中で短期の経済政策を分析する．ここでは，通常の IS-LM モデルに代わって，Romer (2005) のように金融政策を内生的に取り扱って分析を行う．したがって，LM の名称は MP に置き換えられるが，考え方はほぼ従来の IS-LM モデルと同じである．

11.2.1 財市場

財に対する需要は，よく知られた IS 曲線によって記述される．IS 曲線は，総生産量と総支出が等しくなる生産量と実質利子率の組み合わせを表してい

る．総支出は，次式で表される．

$$E = E(Y, r, G)$$

ここでは，一般形の支出関数 $E(Y, r, G)$ を用いている．支出 E は，生産量 Y（消費関数を通じて変化する）や実質政府購入 G とともに増加し，実質利子率 r とともに（投資は利子率 r が上昇すると減少するため）減少する．生産量 Y が総支出を上回っているときは，生産物が実際には使われていないか，もしくは在庫が積み増されている状態にあることを示している．

偏導関数を以下のような表記法で表す．

$$\frac{\partial E(\cdot)}{\partial Y} = E_Y > 0, \quad \frac{\partial E(\cdot)}{\partial r} = E_r < 0, \quad \frac{\partial E(\cdot)}{\partial G} = E_G > 0 \tag{11.1}$$

ここでは，可処分所得が 1 ドル増加しても計画支出は（MPC があるために）1 ドル未満しか増加しないと仮定する．すなわち，$E_Y < 1$ である．

上述したように，IS 曲線は $Y = E(Y, r, G)$ を満たす Y と r の組み合わせを表している．IS 曲線の傾きは，この等式の両辺を r で微分して求めることができる．

$$\left.\frac{dY}{dr}\right|_{IS} = E_Y \left.\frac{dY}{dr}\right|_{IS} + E_r$$

整理すると，

$$\left.\frac{dY}{dr}\right|_{IS} = \frac{E_r}{1 - E_Y}$$

となる．したがって，IS 曲線の傾きは実質利子率 r や所得 Y の変化に対する計画支出の感応度が大きいほど緩やかになる．

11.2.2 貨幣市場

貨幣市場とは，いわゆる「ハイパワード・マネー」(high-powered money) の需給市場のことである．ハイパワード・マネーには，現金通貨（硬貨と紙幣）と預金通貨（流動性の高い銀行預金口座）が含まれる．「実質残高」(real balances) の供給サイドは，総名目貨幣ストック M と消費者物価指数などで測られるその社会の一般物価水準 P との比で表される．

実質残高の需要は，実質利子率 r と期待インフレ率 π^e の和で表される名目利子率（$i=r+\pi^e$）と実質所得水準 Y によって決まってくる．

$$\frac{M}{P}=L(r+\pi^e, Y), \qquad L_{r+\pi^e}<0, \qquad L_Y>0 \qquad (11.2)$$

貨幣需要は，名目利子率が上昇するにしたがって減少する．それは，貨幣を保有する機会費用が名目利子率の上昇にともなって増大するからである[2]．(Y, r) 平面上に描かれる MP 曲線の傾きを求めるために，実質利子率 r が上昇した場合について考えてみよう．(11.2)式で均衡が成立しているとすると，貨幣需要の減少は Y の増加によって相殺されなければならない．それゆえ，MP 曲線は正の傾きを持つことになる．

重要な金融政策変数は，中央銀行によって設定される実質利子率 r である．この利子率（しばしば「レポ・レート」(repo rate) と呼ばれる）は，経済の他のあらゆる部門に影響を与える．中央銀行は実質利子率を設定する際，実際のインフレ率 π だけでなく生産量の水準 Y も考慮する[3]．中央銀行の行動ルールは，Y が増加したとき，あるいはインフレーションが高進したとき実質利子率を引き上げるというものである．したがって，実質利子率は関数 $r(Y, \pi)$ で表され，その偏導関数は $r_Y>0$ および $r_\pi>0$ となる．

(11.2)式を変形すると，金融政策の内生変数となる名目貨幣供給量の式を

---

[2] 人々は利子を通常の銀行預金からではなく，長期投資から得ていると仮定する．
[3] たとえば，ユーロ圏のヨーロッパ諸国には，中央銀行はインフレ率を低位に維持するよう政策運営を行わなければならないと規定する法律がある．第 13 章では，アメリカで実際に採用されている中央銀行の政策ルール―Taylor ルール (Taylor rule)―について議論する．

導出することができる．

$$M = PL(r(Y, \pi) + \pi^e, Y)$$

金融政策が現実のインフレ率 π に反応するということと，人々が期待インフレ率 π^e の変化を通じて貨幣の需要量を調節するということとは区別されなければならない．

11.2.3 IS-MP の変形

図 11.2 のように，2 つの曲線は同じ (Y, r) 平面に描くことができる．既に導出したように IS 曲線は負の傾きを持つが，MP 曲線は正の傾きを持つ．両市場の均衡は 2 つの曲線の交点で成立する．標準的な Keynes 分析の場合，政策変数の外生的な変化の効果は，このようなパネルの中で議論される．

ここで，政府支出 G が増加した場合の効果について考えてみよう．政府支出が増加すると総支出は増加する．これは，図 11.2 のように，IS 曲線の原点から外側へ向かってのシフトとして示すことができる．r を所与とすると，財市場を均衡させる生産量の水準は以前よりも高くなければならない．ただし，政府支出は短期的に一般物価水準に対して影響を与えないと仮定しているため，MP 曲線は変化しない．IS 曲線の外側へのシフトは，均衡生産量の

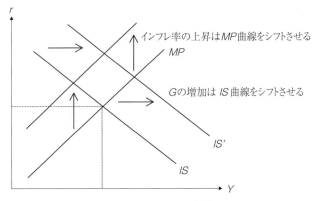

図 11.2　IS-MP 曲線

水準と利子率 r の両方を上昇させる．

11.3 総需要

　総需要（AD）曲線は，貨幣市場と財市場を同時均衡させるインフレ水準と生産量水準のすべての組み合わせを表している[4]．AD 曲線は縦軸にインフレ率，横軸に生産量水準をとって描かれるため，物価は完全に非伸縮的と仮定されているわけではない．

　AD 曲線が IS-MP 曲線からどのように導出されるかを見るために，たとえば国際的な石油危機が発生し，その結果インフレ率が上昇したという状況を考えてみよう．インフレ率が上昇すると中央銀行は実質利子率を引き上げる．実質利子率 r が上昇すると名目利子率が上昇する．これによって貨幣需要は減少する．図 11.2 で描かれているように，一定の所得水準 Y の下でインフレ率が上昇すると MP 曲線は上方へシフトする．その結果，2 つの曲線はシフトの前より低い所得水準 Y で交わることになる．このとき，IS 曲線は変化していない．したがって，π の上昇は Y の下落と結びつくことになる．これが，AD 曲線の負の勾配の背後にある理由である（図 11.3）．

　AD 曲線の傾きについてよりはっきりしたことを述べるために，IS-MP 曲線の背後にある 2 つの方程式をインフレ率で微分してみよう．

$$\left.\frac{dY}{d\pi}\right|_{AD} = E_Y \left.\frac{dY}{d\pi}\right|_{AD} + E_r \left.\frac{dr}{d\pi}\right|_{AD}$$

$$\left.\frac{dr}{d\pi}\right|_{AD} = r_\pi + r_Y \left.\frac{dY}{d\pi}\right|_{AD}$$

2 番目の方程式を 1 番目の方程式に代入すると，次式が得られる．

---

[4] 従来のテキストでは，通常 AD 曲線は何らかの価格指数 P を縦軸にとって描かれている．しかし本書では，こうした従来の方式を変更し，代わりに縦軸に物価水準の変化率，つまりインフレ率をとって描いている．

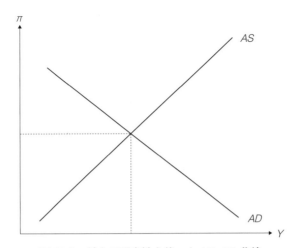

図11.3 賃金の硬直性を伴った AD-AS 曲線

$$\left.\frac{dY}{d\pi}\right|_{AD} = E_Y \left.\frac{dY}{d\pi}\right|_{AD} + E_r \left(r_\pi + r_Y \left.\frac{dY}{d\pi}\right|_{AD}\right)$$

$$\Rightarrow \quad \left.\frac{dY}{d\pi}\right|_{AD} (1 - E_Y - E_r r_Y) = E_r r_\pi$$

$$\left.\frac{dY}{d\pi}\right|_{AD} = \frac{E_r r_\pi}{1 - E_Y - E_r r_Y}$$

$$= \frac{r_\pi}{\left(\frac{1 - E_Y}{E_r} - r_Y\right)}$$

最後の行の右辺の分子は正,分母は負であるから,全体としてこの式の符号は負である(**図11.3**).

IS曲線とMP曲線を構成する他の変数が変化してもAD曲線は影響を受ける.政府支出Gが増加した場合の効果については既に議論した.IS曲線が新しい均衡所得水準Yに向かって外側へシフトすると,AD曲線も右方へシフトする.それは,インフレ水準を所与としたとき,生産量が増加するからである.

11.4 総供給

11.4.1 賃金の硬直性を考慮した Keynesian の定式化

もともと Keynesian の定式化では，総供給は主に労働市場から導出されていた．第 10 章（RBC モデル）では，生産量と雇用量が労働の需給関係によってどのように決定されるかを分析した．

簡単化のため，労働が唯一の生産要素である代表的企業を考える．この企業の利潤関数は次式で与えられる．

$$\Pi = PF(L) - wL$$

ここで，P は一般物価水準（この企業の生産する財の価格水準に等しい），$F(L)$ は $F'(L)>0$, $F''(L)<0$ という通常の性質を有する生産関数，w は短期的には一定の賃金率を表す．典型的な競争企業は，限界収入と限界費用が等しくなる水準 $PF'(L)=w$ まで労働を雇用する．この均衡条件を書き換えると，次式が得られる．

$$F'(L) = \frac{w}{P}$$

総供給（AS）曲線との関係を見るために，インフレ率 π が上昇する場合について考えてみよう．インフレ率の上昇は必然的に P の上昇を含むため，実質賃金は下落（名目賃金 w は一定と仮定しているため）する．均衡を維持するためには，左辺の限界生産物が低下しなければならない．これは，$L^1 > L$ となる水準まで雇用量 L が増加した時に達成される．企業が雇用を増やせば生産量は増加する．すなわち，$F(L^1) > F(L)$ となる．それゆえ，インフレ率と生産量との間には正の相関があらわれる．これが AS 曲線の正の勾配の背後にある理由である（**図 11.3**）．

11.4.2　Phillips 曲線

第二次世界大戦から 1970 年代初頭に至るまで，政策立案者たちは失業とインフレーションとの間の恒常的なトレードオフ関係に少なからず依拠しながらマクロ経済政策を実施してきた．前節と同様のモデルを用いて，こうした関係性を明示的に導いてみよう．ただし，t 期の賃金率は 1 期前の物価水準 P_{t-1} に比例すると仮定する．こうした関係は，(11.3) 式のように表すことができる．

$$w_t = \gamma P_{t-1} \tag{11.3}$$

ここで，$\gamma > 0$ は関係の強さを表すパラメータである．労働需要の均衡条件は次式で与えられる．

$$\begin{aligned} F'(L_t) &= \frac{w_t}{P_t} \\ &= \frac{\gamma P_{t-1}}{P_t} \end{aligned}$$

ここで，$\pi_{t-1} = \frac{P_t - P_{t-1}}{P_{t-1}} = \frac{P_t}{P_{t-1}} - 1$ であるから，$\frac{P_{t-1}}{P_t} = \frac{1}{1+\pi_{t-1}}$ となることがわかる．したがって，次式を得る．

$$F'(\tilde{L}_t) = \frac{\gamma}{1+\pi_{t-1}} \tag{11.4}$$

既に言及したように，インフレ率が上昇すると次期の雇用者数は増加する．総労働量を N_t とすると，失業者数は $N_t - \tilde{L}_t = \mu N t$ と表される．このようにインフレ率が上昇すると失業者数は減少する．こうした失業率とインフレ率との間の安定した負の相関関係は，しばしば Phillips 曲線と呼ばれる（Phillips 1958）．利用可能な Phillips 曲線が存在するかどうかについては，ここ数十年にわたって集中的に実証分析が行われている．

11.4.3 自然失業率

1970年代までに，恒常的に利用できるPhillips曲線というものがある一定の位置に固定して存在しているわけではないということはかなりはっきりしていた．たとえば，Friedman（1968）やPhelps（1968）は失業率を低く維持するために高インフレを引き起こすような政策をとろうとしても，長期的に賃金の上昇を抑えることはできないと主張した．合理的な労働者であればPhillips曲線から得られる知見を通じて将来を考えるであろうし，実質賃金がずっと減少していくという事態も受け入れないだろう．モデルという点では，これは労働者が（11.3）式にしたがう賃金設定方式を受け入れないということである．

こうした推論は，長期的には正常失業率ないし自然失業率（*natural rate of unemployment*）—インフレ非加速失業率（*NAIRU*）と呼ばれることもある—というものが存在するだろうということを示唆している．そのような自然失業率の水準は財政政策や金融政策では動かすことができない．**図11.4**の短期Phillips曲線（*SRPC*）が示すように，短期的には自然失業率からの乖離はありうる．しかし，長期的にはインフレーションと失業との間に利用可能な関係性は恐らく存在しない．

自然失業率に対応する生産量を$\bar{Y}$とする．これは，しばしば長期総供給

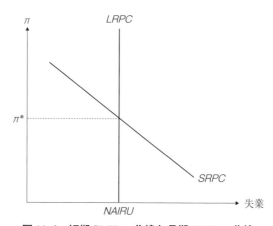

図11.4　短期Phillips曲線と長期Phillips曲線

(*long-run aggregate supply*),もしくは自然産出量(*natural level of output*)と呼ばれる．長期の総供給曲線は，LRPC のように垂直となる．

11.4.4 期待を考慮した Phillips 曲線

本節では，実証分析の結果に基づいて再定式化された Keynesian の Phillips 曲線について議論する．このモデルはミクロ（経済学）的な基礎づけを有していないが，主として実証的に検証できるように設計された「誘導型（*reduced-form*）」のモデルとなっている．

自然産出量に関する新しい仮定を導入すると，次式のような期待を考慮した Phillips 曲線を (Y, π) 空間に描くことができる．

$$\pi_t = \pi_t^* + \lambda(\ln Y_t - \ln \overline{Y}_t) + \varepsilon_t \tag{11.5}$$

つまり，実際のインフレーション π_t は，「基底（*underlying*）」，ないし「コア（*core*）」となるインフレーション π_t^*，および実際の生産量 Y_t と自然産出量 $\overline{Y}_t$ の間の対数差という 2 つの変数の関数として表されるということである．(11.5) 式には，供給ショックの可能性を考慮してランダム誤差項 ε_t が加えられている．$\lambda > 0$ であるが，これは生産量の長期水準からの乖離に対してインフレーションがどの程度強く反応するかを表している．もし，生産量が長期水準と一致していれば，（ランダム・ショックがなければ）インフレ水準は π_t^* となる．

このモデルにしたがうとき，π_t^* はどのように決まるだろうか．もっとも単純な想定は，$\pi_t^* = \pi_{t-1}$ であろう．これは，個人が金融政策の変更に対して 1 期遅れで反応すると暗黙的に仮定していることを意味する．このモデルはまた，インフレ率の変化と生産量の変化の間にトレードオフの関係があることを示唆している．(11.5) 式を $\pi_t - \pi_t^* = \lambda(\ln Y_t - \ln \overline{Y}_t) + \varepsilon_t$ と書き換えれば，そのことが分かるであろう．

しかし，個人が完全に合理的で，かつフォワードルッキングである場合には，$\pi_t^* = E_{t-1}(\pi_t)$ と定式化する方が適切かもしれない．$E_{t-1}(\pi_t)$ は 1 期前に形成される期待インフレ率である．このような想定の下では，個人は現在と

過去の政策選択に関する利用可能なすべての情報に基づいてインフレ期待を形成することになる．

異なるこれら 2 つの見方は，$\pi_t^* = \phi E_{t-1}(\pi_t) + (1-\phi)\pi_{t-1}$ のような式を仮定することによって統合することができる．ここで，$\phi \in [0, 1]$ はパラメータである．$\phi < 1$ であるとすると，これは人々が合理的期待によってインフレ期待を形成しつつも，同時に慣性がある程度影響していることを意味する．すなわち，コアとなるインフレ率とそうした合理的期待では説明できない過去のインフレ率との間には何らかのつながりがある，ということである．ただ，こうした慣性が何に由来するかについてはしばしば説明されないままに残される．

11.4.5　Lucas の供給曲線

前節のモデルでは，物価や賃金に何らかの硬直性が存在するとだけ仮定されていた．マクロ経済学では，こうした硬直性をしばしば名目的な硬直性（*nominal rigidities*）と呼んでいる．ただ，伝統的なマクロ経済学の文献ではこうした名目的な硬直性が何から生じるのかについてはたいてい議論されない．

Lucas (1972, 1973) は，その後の研究に大きな影響を与えるモデルを開発した．そのモデルでは，企業は自社製品の価格 P_i は観察できるが，経済全体の一般物価水準 P については観察できないという設定になっている．たとえば，相対価格 $\dfrac{P_i}{P}$ が上昇したとき，それが P_i の変化によって生じたのか，それとも一般物価水準の低下によって生じたのかについて生産者は知ることができないというわけである．合理的な生産者であれば，前者の場合は生産量を増加させるが，後者の場合は生産量を変化させないであろう．情報にこうした不完全性が存在する場合，Lucas モデルのような生産者であれば安全策を取って多少なりとも生産量を増加させるであろう．したがって，ここでもまたインフレーションと生産量との間に正の相関が表れることになる[5]．

しかし，このモデルの重要な点（ここでは導出しないけれども）は，期待を考

---

[5] 観察不可能な一般物価水準についてのこうした仮定が，2012 年という年においてどれほど経験的に重要であったかは疑問である．

慮する Phillips 曲線にミクロ（経済学）的な基礎を与えたという点である．

$$\ln Y - \ln \overline{Y} = b[p - E(p)]$$

ここで $\ln Y$ は実際の生産量の対数値，$\ln \overline{Y}$ は長期の総供給の対数値，p は一般物価水準（の対数値），$E(p)$ は一般物価水準の期待値，そして $b>0$ はインフレ率の期待水準からの乖離に対する生産量の反応を表す．インフレ率が予期せぬ水準になった時にのみ生産量は自然率から乖離するという点を確認しておこう．たとえば，金融政策が緩和されると人々が期待し，かつそうした期待が現実のものとなったとしよう．このとき，$p-E(p)=0$ となるから，生産量は自然率の水準で一定となる．

　伝統的な Keynesian モデルに対する批判は，政策面において重要な意味を含んでいる．それは，個人が将来の所得に対して合理的に期待を形成すると想定する PIH（*permanent income hypothesis*：恒常所得仮説）モデルの議論と類似している．それは，人々が合理的に期待を形成するとき，生産量とインフレ率との間のトレードオフに基づく経済政策はあまり効果のないものになってしまうということである．予期された金融政策はむしろ有害であるかもしれない．というのは，予期された金融政策は生産量と失業率になんら影響を与えることなくインフレーションを高進させる可能性があるからである．一般論として，人々は政策を予想し，その予想に基づいて事前調整を行う．しかし，Keynes 分析ではミクロ（経済学）的な基礎付けが欠如しているため，経済政策は歴史的なデータに基づいて実施されることになる．経済政策のこうした点に対する批判は，しばしば Lucas 批判（*Lucas critique*）と呼ばれている．

11.5　金融仲介機関

　これまで議論してきた IS-MP モデルでは，銀行のような金融仲介機関は何の役割も果たしていなかった．2007 年から 2008 年にかけて起きた金融危機からの教訓は，金融システムの機能は実物経済に対して大きな影響を与え

る可能性があるということである.本節では,Woodford (2010) で提示された IS-MP モデルの拡張版について議論する.ここでは,標準モデルに金融仲介機関が導入される.

インフレ期待が完全に所与であるとしよう.簡単化のため,$\pi^e=0$ とおく.このとき,名目利子率は実質利子率と一致 ($i=r$) する.

上述したように,IS 曲線は実質利子率 $r(=i)$ と総所得 Y の組み合わせを表している.IS 曲線上では,総所得は総支出 $E(Y, r)$ と等しい.ただし,政府部門は無視する.したがって,総支出は消費と投資に費やされ,貯蓄は投資と等しくなる.

これまでとは異なり,本節では IS 曲線の傾きを家計の貸付資金に対する需給関係から導くことにする.図 11.5 には,貸付資金に対する家計の需要 LD(すなわち借入)が名目利子率 i の減少関数として描かれている.また,貸付資金に対する家計の供給 LS(すなわち貯蓄)は名目利子率の上昇とともに増加する.貸付資金の需給市場に摩擦がなければ,需給は利子率 i で一致する[6].

外生的に所得 Y が増加したとき,貸付資金に対する需給はどのような影

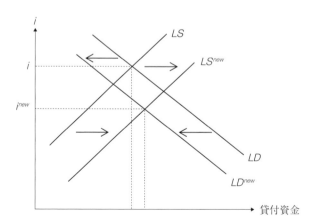

図 11.5 家計の貸付資金の需給に対する所得増加の影響

---

[6] 均衡では,投資需要 (I) は貯蓄 (S) と等しい.これが,IS という頭文字が付けられている本来の理由である.

響を受けるだろうか．ここで，すべての家計の所得が増加したとしよう．これにより，家計は貸付資金の供給量を増加させることができる．その結果，LS 曲線は右方へシフトする．貸付資金の需要は所得が増加するにつれて減少するが，その減少幅は所得の変化分よりも小さい．したがって，LD 曲線は左方へシフトするものの，2 つの曲線のシフトの大きさの違いから，均衡利子率は $i^{new} < i$ まで低下し，貸付資金量は以前よりも増加する．それゆえ，財市場が均衡するためには Y と i の間に負の関係がなければならないことがわかる．

しかし，図 11.5 の分析では貸付資金の需給市場には摩擦がなく，資金供給は常にその需要を見出すことができるため金融仲介機関は必要ではなかった．ここで，融資を効率的に結び付けるために（そして第 7 章と同様，おそらくリスクを分散させるために）金融仲介機関が必要となる場合を考えてみよう．金融仲介機関（今後は銀行と称することにする）は自らの事業活動をファイナンスするために，図 11.6(a) のように借入利子率 i^b（= 家計の貸付資金需要 = 借入）を貸出利子率 i^s（= 家計の貸付資金供給 = 貯蓄）より高く設定することになる．この差 $\omega \geq 0$ は信用スプレッド（*credit spread*）と呼ばれる．

図 11.6(b) には，金融仲介機関に対する貸付資金の需給が描かれている．金融仲介機関に対する需給は信用スプレッド ω の関数である．明らかに，信用スプレッドが大きいと貯蓄に対する利子率は低く，貸付資金に対する需要量も相対的に少ない．信用スプレッドが小さいときには，逆のことが起こる．他方，信用スプレッドが拡大すると，銀行として行動しようとする企業数は増加する．金融仲介機関による貸付資金供給（XS 曲線）は ω の増加関数である．というのは，貯蓄者と借り手との間の利子率の差が大きいほど銀行として行動することは，より多くの利益が得られるチャンスだからである．ω の水準を所与とすると，金融革新や生産性の上昇が生じた場合，XS 曲線は右方へシフトする．逆に，たとえば自己資本比率（貸出を含む総資産額に対するその銀行の自己資本の割合）の引き上げのように銀行規制が強化された場合は，XS 曲線は左方へシフトする．

初期の信用スプレッドの均衡水準が 2 つの曲線の交わる ω_1 で与えられているとする．また，この時の貸付資金の水準を L_1 とする．ここで，銀行組織

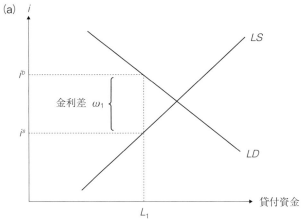

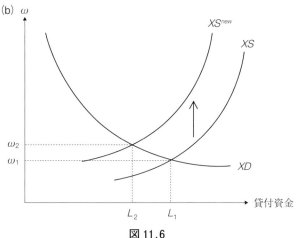

図 11.6
(a) 金融仲介機関と資金供給摩擦の導入
(b) 信用スプレッドの関数としての金融仲介機関に対する需給

の総資産価値(すなわち,企業や個人に対する貸出)に対して再評価が突然行われたとしよう[7]. リスクが上昇すると銀行は信用スプレッド ω を拡大させる. 貸付資金の水準を所与とすれば,これは XS 曲線を XS^{new} へと上方(結果として左方へシフトしたように見える)へシフトさせる動きとして示すことができ

---

[7] こうした再評価が,2008 年のアメリカの信用危機の原因の1つであったと思われる.

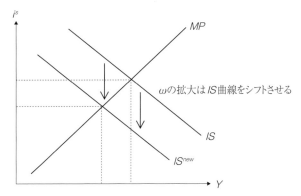

図 11.7　信用スプレッドの拡大の効果

る（**図 11.6(b)**）．この結果，信用スプレッドの均衡水準は ω_2 へと上昇し，経済における均衡貸付資金量は L_2 に減少する．

信用スプレッドが ω_2 へ上昇すると，i^s は低下し，銀行組織に対する家計の貸付資金供給量（貯蓄）は L_2 へと減少する．**図 11.7** では，IS 曲線と MP 曲線がこれまでの (Y, r) 空間ではなく，(Y, i^s) 空間に描かれている．MP 曲線は，ここでは $\pi^e=0$ と仮定しているため，$\frac{M}{P}=L(r(Y,\pi)+\pi^e, Y)=L(i^s(Y,\pi), Y)$ で与えられる．さらに，ここでは貨幣需要 $L(i^s(Y,\pi), Y)$ は i^b ではなく，むしろ貯蓄に対する利子率 i^s の関数となっている．人々は，貯蓄に対する利子率が低いと手持ちの長期資産を現金，もしくは換金可能な預金に切り替えようとする．中央銀行による金融政策ルール $i^s(Y, \pi)$ は i^s を政策目標としつつ，これまでと同様に i^s が Y や π とともに上昇するように操作するというものになるであろう．こうした政策ルールに変更がなければ，MP 曲線は XS 曲線が収縮しても変化しない．

しかし，IS 曲線はその変化の影響を受ける．Y の水準を所与とすると，i^s は必要な信用スプレッドの拡大によって以前よりも低下する．それゆえ，IS 曲線は**図 11.7** で示されるように下方へシフトする．均衡では，GDP の収縮が起こる．したがって，たとえ金融政策に変化がなくても，資金の需給市場が混乱すると実物経済は IS 曲線を通じて影響を受けることになる．

2008 年に起きた金融危機の折，信用供給と経済活動の収縮のスパイラルが

初期のショックに続いて生じたことを上記のモデルは物語っている．当初，銀行資産の再評価によって引き起こされたGDPの収縮はXS曲線を左方へとシフトさせ，それがまたi^rをさらに低下させる圧力となった．これによって，IS曲線も下方へシフトし続けた．それに対して，中央銀行は金融政策ルールにしたがって利子率を引き下げ続けた．しかし，最終的に$i^r=0$となるに及んで，実質利子率を操作の基軸としていた金融政策はその実効性において，1つの限界に直面することになった．

11.6 New Keynesian モデル

Lucas批判やさらに強い批判を展開するRBC理論では，マネー・ストックのような名目変数の変化は実物的な効果を何ら持たないと述べている．new Keynesianは，名目的な硬直性にミクロ（経済学）的な根拠を与え，そうした硬直性が実物経済に対して大きな影響を与えると主張している．

たとえば，物価の変化に関してある小さな費用が存在するという仮定を検討してみよう．ここでは，Mankiw (1985)によるレストランの例を取り上げ，新しいメニューを印刷する必要から生じるコストについて考察する．市場構造が独占的競争状態を呈していると仮定する．この市場には，限界収入と限界費用が一致する水準で最適生産量を決定するという価格設定企業が多数存在している．実際の需要量は生産量が決定された後に判明する[8]．それゆえ，生産物に対する需要が減少した場合，利潤を最大化する生産者は財の価格を引き下げることになる．

ところが，価格の変更にメニュー・コスト（*menu cost*）がかかるとすると，生産者は現行の価格水準を維持することで生じる利益の減少分（損失）と価格を変更することに伴う費用とを比較しなければならなくなる．もし利益の損失がメニュー・コストよりも小さければ，合理的な生産者は価格を変更しないであろう．この場合，価格の硬直性に対して十分なミクロ（経済学）的な理由が存在することになる[9]．

---

[8] ここでは，価格が限界費用を上回る水準に設定されるとしていることから，暗黙的に不完全競争が仮定されていることに留意せよ．

一般物価水準を決定するマクロ・モデルの場合は，一部の企業だけが利潤を最大化する水準に合わせて製品価格を調整すると仮定して，価格の硬直性のモデル化が行われる．他方，それ以外の企業は1期前に設定した価格をそのまま維持すると仮定される．

　たとえば，Gali and Gertler（2007）では t 期の価格水準（対数値）p_t が次式によって決定されるという簡単なモデルを設定している．

$$p_t = \theta p_{t-1} + (1-\theta) p_t^*$$

ここで，パラメータ θ は t 期において自社製品の価格を変更しない企業の割合（確率）と解釈される．一方，確率 $1-\theta$ は自社製品の価格を利潤最大化の水準に調整する企業の割合を表す．したがって，θ は価格の硬直性の度合いを表わすパラメータとみなすことができる．それゆえ，$\frac{1}{1-\theta} > 0$ に相当する期間，企業は価格を維持すると期待される．たとえば，$\theta = \frac{2}{3}$ とすると，企業は3期ごとに価格を調整することになる．new Keynesian モデルでは不完全競争市場を想定しているため，価格水準 p_t^* は現在の限界費用と将来の期待限界費用にマークアップを上乗せした水準に設定されることになる．

---

[9] この文献の概要については，Romer（1993）を参照せよ．

第12章 財政と財政政策

財政政策は，政府の歳入と歳出に影響を与える．歳入と歳出の間にはたいてい不均衡が存在する．歳出が歳入を超過する状況は，財政赤字（*budget deficit*）とよばれる．財政赤字は年単位で測定され，通常，対 GDP 比で表される．累積財政赤字は政府債務（*government debt*）を構成する．これは任意の時点で測定可能なストック変数であり，これも対 GDP 比で表される．

12.1 政府予算の恒等式

t 時点における政府予算の恒等式は，左辺を支出，右辺を資金調達の源泉とすると，次式のように表すことができる．

$$G_t + rD_t \equiv T_t + \Delta D_t + \Delta M_t \tag{12.1}$$

この式において，G_t は t 期における政府支出，rD_t は累積政府債務残高 D_t に実質利子率 r を乗じた額，T_t は税収の総額，$\Delta D_t = D_{t+1} - D_t$ は政府債務残高の変化分，ΔM_t は政府の赤字を補填するためのマネーストックの変化分を表す．

支出面は，簡単に言えば，政府支出と利子支払いから構成される．債務が増大すると，利払い費は総支出の中で大きな割合を占めることになる．右辺において，政府支出の大部分は税収 T_t で賄われるべきであるが，これは支出をカバーする上で十分とはいえない．そのため，政府はしばしば財政赤字に陥り，政府債務を増加させる．すなわち，$\Delta D_t > 0$ となる．無責任な政府は，貨幣を印刷（*printing money*）して赤字を補填しようとするかもしれない．つまり，政府に渡す新しい貨幣を中央銀行に印刷するよう命じるということである．こうしたことは先進国ではめったに起こらないため，ここでは $\Delta M_t = 0$ と仮定する[1]．

(12.1) 式を書き換えると，政府の財政赤字の動学式が得られる．

$$\Delta D_t \equiv (G_t - T_t) + rD_t$$

括弧内は，しばしば基礎的財政収支の赤字（*primary deficit*）とよばれる．財政赤字は $\Delta D_t > 0$ であり，財政黒字は債務残高の減少，すなわち $\Delta D_t < 0$ である．ただし，多額の債務残高（したがって大きな利払い）を抱える国は，たとえ基礎的財政収支が多少黒字（$G_t - T_t < 0$）であったとしても，それによって（累積）債務を縮小するには十分ではないことに注意しよう．

財政赤字は，たいてい政府が発行する国債（*bonds*）によって賄われる．国債は家計に販売され，所有者に対して毎年 r の金利が支払われる．負債が全て国債で賄われる場合，D_t は発行済み国債残高の総価値と一致する．

長期的には，政府の収入と支出は一致しなければならないと仮定されることが多い．それゆえ長期的に「持続可能な（*sustainable*）」財政政策は，次式を満たさなければならない．

$$\sum_{t=1}^{\infty} \frac{G_t}{(1+r)^t} + D_0 \leq \sum_{t=1}^{\infty} \frac{T_t}{(1+r)^t} \tag{12.2}$$

ここで，r は実質利子率を表す．(12.2) 式は，無限の時間的視野にわたる将来の政府支出フローの現在価値と初期の負債水準 D_0 の合計が，将来の全ての税収フローの現在価値を超えてはならないということを示している．以下でまた，この異時点間の予算制約式に立ち戻ることになる．

12.2 Ricardo 等価定理

財政赤字は，増税と国債のどちらで賄われるべきだろうか．これは，Ricardo 等価定理（*Ricardian equivalence*）に関する Barro (1974) の先駆的な論

---

[1] 次章（第13.6節）では，貨幣の印刷あるいはシニョレッジ（貨幣発行益：*seigniorage*）を取り上げ，それらが経済にどのような影響を与えるかについて具体的に検討する．

文の中で議論された中心的な問題である．これからの議論で明らかになるように，このモデルの考え方は消費の恒常所得仮説のそれとよく似ている．

Ricardo 等価定理の説明は，無限に生きる代表的家計の異時点間予算制約式を設定することから始まる．

$$\sum_{t=1}^{\infty}\frac{c_t}{(1+r)^t} \leq d_0 + \sum_{t=1}^{\infty}\frac{y_t - \tau_t}{(1+r)^t} \qquad (12.3)$$

この式は，生涯にわたる消費支出の現在価値が，初期の負債残高 d_0 と無限の将来にわたる可処分所得（労働所得 y_t から所得税 τ_t を引いたもの）のフローの現在価値の合計額を超えてはならない，ということを示している．もし，経済が L 人からなる同じような個人で構成されているとすると，(12.3) 式は，$C_t = c_t L$，$D_0 = d_0 L$，$Y_t = y_t L$，$T_t = \tau_t L$ という形で表すことができる．

(12.2) 式が等式で成り立つ場合，$\sum_{t=1}^{\infty}\frac{T_t}{(1+r)^t} = \sum_{t=1}^{\infty}\frac{G_t}{(1+r)^t} + D_0$ となる．これを (12.3) 式に代入すると，次式が得られる．

$$\sum_{t=1}^{\infty}\frac{C_t}{(1+r)^t} \leq \sum_{t=1}^{\infty}\frac{Y_t}{(1+r)^t} - \sum_{t=1}^{\infty}\frac{G_t}{(1+r)^t}$$

以上から，家計の予算制約を政府支出の現在価値の関数として表すことができる．注意すべき重要な点は，上の式には課税の時間経路が考慮されていないということである．そのため，財政赤字を国債と増税のどちらで賄うかは，家計にとって大きな問題ではないということになる．これはまさに，Ricardo 等価定理の結論である．長期的には，政府支出の大きさのみが消費にとって重要な問題となる．

この結果から，家計は国債を純資産としては評価しないということがわかる．次のような例を考えてみよう．t 期において，政府には負債が無く，予算は均衡しているとする．このとき，政府が減税 T_t を行ったとしよう．G_t の規模が以前と同じであれば，$G_t > T_t$ となり，負債が累積することになる．政府は，この赤字を家計に対する国債の売却で賄うものとする．こうした減税に

よる可処分所得の増加は消費を増加させるだろうか．Ricardo 等価定理の答えは，否である．なぜなら，家計は長期的な予算制約が (12.2) 式であることを認識しているからである．どこかの時点で，政府は再び増税を行い，制約式を再び満たす必要がある．したがって，一時的な減税による可処分所得の増加は将来の増税のために貯蓄されてしまうことになる．

この意味では，Ricardo 等価定理は PIH モデルから得られる結論と非常に類似している．しかし，伝統的な Keynesian は，国債発行による資金調達の増加は消費を増加させると主張する．それは家計に対して一時的に高い可処分所得をもたらすからである．ここでもまた，伝統的な Keynesian の見方と，合理的でフォワードルッキングな家計の見方とでは，予測される政府の政策の効果について実質的に大きな相違がある．

Ricardo 等価定理は，マクロ経済学においてもっとも議論されてきた理論の1つである．Barro の仮説に対しては，数多くの批判がなされてきた．たとえば，Barro の仮説では (PIH モデルと同様に)，個人は全く流動制約に直面しておらず，何の困難もなく常に貯蓄や借入を行うことができると仮定されている，という批判である．第2の批判は，家計が (12.3) 式のような無限期間の予算制約にしたがって行動する可能性は低いということである．(限られた寿命をもつ) 1つの世代は，たしかに中期的な拡大財政政策に対して反応する可能性は高いであろう．なぜなら，彼らは将来世代のために完全に利他的に行動するとは考えにくいからである．実証分析の結果も，Ricardo 等価定理の結論から大きく乖離しているように見える[2]．

12.3 課税平準化

上述の Ricardo 等価定理の分析では，外生的に設定される租税と政府支出の水準に対して反応する家計を対象にしている．では一体，何が財政赤字や黒字に関する政府の意思決定に関与しているのだろうか．標準的ミクロ経済理論では，租税はしばしば厚生損失をともなう死荷重と関係しているとされ

---

[2] より広範な議論については Barro (1989) を参照されたい．

る．この節では，Barro (1979) に沿って慈悲深い社会計画者（ソーシャル・プランナー）を想定し，その社会計画者が課税による歪みを最小化することを目的に行動すると仮定する．異時点間予算制約式は，これまでと同様とする．

また，政府支出 G_t は外生的であると仮定する．課税は経済に対して歪曲費用をもたらす．

$$Z_t = Y_t z\left(\frac{T_t}{Y_t}\right), \qquad z'\left(\frac{T_t}{Y_t}\right) > 0, \qquad z''\left(\frac{T_t}{Y_t}\right) > 0 \qquad (12.4)$$

(12.4) 式では，課税の歪曲費用は租税の対 GDP 比 $\frac{T_t}{Y_t}$（租税比率）の増加関数であり，かつ凸であると仮定されている．租税の対 GDP 比は，租税額を経済規模 Y_t で基準化した指標である．z 関数は課税が生み出す様々な歪みを集約している．ただし，z 関数は歪みの正確な源泉について何も語っていない．また，非課税の場合，歪みはゼロ，$z(0)=0$ である．

政府が直面する異時点間予算制約式は，(12.2) 式で与えられる．以上から，最適化問題は次のように表される．

$$\min_{T_0,\ T_1\cdots} \sum_{t=1}^{\infty} \frac{Y_t}{(1+r)^t} z\left(\frac{T_t}{Y_t}\right)$$

$$\text{subject to} \quad \sum_{t=1}^{\infty} \frac{T_t}{(1+r)^t} = \sum_{t=1}^{\infty} \frac{G_t}{(1+r)^t} + D_0$$

PIH のときと同様，この問題の 1 階の条件から Euler 方程式，$z'\left(\frac{T_t^*}{Y_t}\right) = z'\left(\frac{T_{t+1}^*}{Y_{t+1}}\right)$ を導出することができる．つまり，最適状態では次式が成り立つ．

$$\frac{T_t^*}{Y_t} = \frac{T_{t+1}^*}{Y_{t+1}}$$

換言すれば，租税の対 GDP 比が時間を通じて平準化されるとき，歪曲費用は最小化されるということである．これが課税の平準化（*tax smoothing*）で

ある．その基本的な考え方は，消費の平準化と同じである．

このモデルに不確実性を組み込んで拡張することは容易である．(Hall のランダムウォーク・モデルのときと同じく) z 関数が 2 次式であれば，次のように表される．

$$\frac{T_t^*}{Y_t} = E_t\left(\frac{T_{t+1}^*}{Y_{t+1}}\right)$$

したがって，租税の対 GDP 比もランダムウォークに従うことになる．このことから次のことがわかる．すなわち，どの時点においても政府は期待される将来の歳入について入手可能なあらゆる情報を考慮して現在の $\frac{T_t}{Y_t}$ の水準を設定するということである．そのため，現在の $\frac{T_t}{Y_t}$ は将来の全ての租税比率と等しくなると期待される．そして，ランダムな新しい情報がない限り，こうした状況が変化することはない．

12.4　政府債務の政治経済学

上記の課税平準化モデルでは，租税政策は課税による歪曲効果の最小化を目的とする慈善的な政府によって決定されていた．なお，このモデルは財政赤字の動学的な面についてはあまり多くの示唆を与えない．無限の時間的視野においては，総税収の現在価値は政府支出の現在価値と等しくなるであろうが，個々の期間においては不均衡が存在する可能性はある．しかし，慈善的な政府は遅かれ早かれこうした不均衡を是正するであろう．

各国の財政政策についてあまり楽観視していない観察者は，多くの政府の財政赤字と負債の水準はおそらく長期的に維持可能ではなく，潜在的な将来所得についての期待を合理的に反映していないと主張するだろう．たとえば，世界には将来的に経済の見通しが暗く，累積政府債務も対 GDP で 100% を超えている国が幾つもある．歴史的には，「破綻 (*bankrupt*)」した国もあれば，負債の返済を取り止めたり，返済計画の大幅な変更を余儀なくされた国もあることは周知の事実である[3]．それゆえ，長期の財政政策はこれまで政府の失

敗と特徴付けられて議論されることが多かった.

このような失敗の潜在的な原因は,政治システムそのものにある.Alesina and Tabellini (1990) はその有名なモデルにおいて,次のような議論を行っている.まず,公共財について異なる選好をもつ2つの政党が政権をめぐって争う民主政治を想定する.与党は政権の座にあるとき,次の期に政権を獲得するかもしれない野党の財政上の選択肢を縛るため,戦略的に「過剰支出 (*overspend*)」を行うかもしれない.政府債務がこのように戦略的に使用されてしまうと,財政政策に赤字バイアス (*deficit bias*) が生じる.これは,社会的な観点からすると非効率である.

2つの政党が存在する国家を考える.それぞれの政党を左派 (L) と右派 (R) と呼ぶことにする.2つの政党の課税水準に関する考え方は同じであるが,政府予算を如何に使うかについての意見は異なっている.左派政党は予算をある公共財 $g_t^L \geq 0$ にのみ使うことを望む.ここで,t は対象としている期間を表す.一方,右派政党は別の公共財 g_t^R に使うことを望んでいる.ここでは,総合的な医療給付 g_t^L と国防費 g_t^R を例に取り上げよう.また,期間1と期間2の2つの期間だけが存在する単純化された枠組みを設定する.期間1においてどちらが与党であるかは与件であり,期間2の初めに選挙が行われる.選挙では,外生的に与えられた確率 $\rho \in [0, 1]$ で右派政党が勝利し,期間2に政権を担うと予想される.したがって,左派政党が選挙で勝利する確率は $1-\rho$ となる.

期間1に与党であった場合の右派政党と左派政党の効用関数はそれぞれ次式で与えられる.

$$V^R = u(g_1^R) + \beta[\rho u(g_2^R) + (1-\rho)u(g_2^L)]$$

$$V^L = v(g_1^L) + \beta[(1-\rho)v(g_2^L) + \rho v(g_2^R)] \tag{12.5}$$

瞬時的効用関数 $u(g_t^R)$ と $v(g_t^L)$ は,通常の特性,$u'(g_t^R), v'(g_t^L) > 0$,および $u''(g_t^R), v''(g_t^L) < 0$ を満たしていると仮定する.$u(g_t^L) = v(g_t^R) = 0$ であること

---

[3] こうした歴史的エピソードについての解説は,Reinhart and Rogoff (2009b) を参照されたい.

にも注意しよう．すなわち，他党が選挙で勝利し，その政党が好む公共財が供給されるとき，敗れた方の政党には何ら効用は生じないと仮定するのである．$\beta \leq 1$ は通常の時間割引因子を表す．

この国家は2期間にわたって，外生的な1人あたりの所得のフローを y_1, $y_2 > 0$ だけ稼得すると仮定する．ここで，$y_2 \geq y_1$ である．所得税率は $\tau < 1$ である．それゆえ異なる時点の政府収入は τy_1 および τy_2 となる．政府は初期時点において負債は負っていないとする．しかし，期間1で政権を担う政府は d に等しい債務を負う．この債務は期間2に全て返済されなければならない．以上から，政権を担う政党 $j=R, L$ の予算制約式は，次式で表される．

$$g_1^j = \tau y_1 + d$$

$$g_2^j = \tau y_2 - d \tag{12.6}$$

このように，期間1に政権を担う政党は，(12.6) 式の制約のもとで (12.5) 式を最大化する．関心の対象となる選択変数は，期間1に選ばれる負債水準 d である．負債の最適水準は，(12.6) 式を効用関数に代入し，それを d について最大化することで求めることができる．

たとえば，右派政党が第1期において与党であると仮定しよう．すると，政府の最適化問題は次式のように表される．

$$\max_{d} u(\tau y_1 + d) + \beta \rho u(\tau y_2 - d)$$

この問題の1階の条件は，次式で与えられる．

$$\frac{\partial V^R}{\partial d} = u'(\tau y_1 + d) - \beta \rho u'(\tau y_2 - d) = 0$$

このような一般的な効用関数からは，明示的な解は得られない．ただし，陰関数の微分を用いて比較静学分析を行うことは可能である．

明示的な解を得るために，対数型の効用関数 $u(g_t^R) = \ln g_t^R$, $v(g_t^L) = \ln g_t^L$ を

仮定しよう．1階の条件から，次式が成り立つことが分かる．

$$\frac{1}{\tau y_1 + d} = \frac{\beta \rho}{\tau y_2 - d}$$

この式を変形すると，最適な政府債務の水準が得られる．

$$d^* = \frac{\tau(y_2 - \beta \rho y_1)}{1 + \beta \rho} \tag{12.7}$$

この式からわかる重要なことは，期間1において与党が負担する債務の最適水準は，期間2にその政党が選挙に勝つ確率と負の相関関係にあるということである．形式的には，偏微分によって表すことができる．

$$\frac{\partial d^*}{\partial \rho} = -\frac{(y_1 + y_2)\beta \tau}{(1 + \beta \rho)^2} < 0$$

それゆえ，もし右派政党が第1期に与党であれば，とくに $\rho=1$ のとき，最適な負債水準は最も低くなる．ここで，$\rho=1$ の場合とは与党が次の選挙で100％勝利すると確信している場合である．(12.7) 式から，そのときの負債は $d^* = \frac{\tau(y_2 - \beta y_1)}{1+\beta} \geq 0$ となることがわかる．$y_2 - \beta y_1 > 0$ である限り，与党は常に正の金額の負債を選択することになる．負債の規模は，所得の成長，すなわち $y_2 - y_1$ とともに大きくなる．それゆえ，政府が負債を抱えることが合理的であるのは，成長の遅い経済よりも早い経済の方である．

　以上の結果から直ちに導かれる結論は，再選確率 ρ がゼロに近づくとき，負債は最大になるということである．効用関数をみると，その場合，与党はほぼゼロに近い割引率 $\beta \rho$ で将来を割り引くことになる．政党は期間1において自らが好む公共財のみに対して支出するため，期間1にできるだけ多くの負債を重ねることになる．$\rho=0$ という極限のケースでは，期間1の最適負債水準は τy_2 となることが (12.7) 式から推測できる．すなわち，負債水準が

非常に大きいため,政権を引き継ぐ次の政党は政府収入の全てを債務の返済に充てなければならなくなる.たとえば,もし右派政党が軍事支出にのみ関心があるとすると,彼らは期間1に$\tau(y_2+y_1)$の軍事支出を行なうであろう.その結果,期間2に政権与党になる左派は医療給付に対して全く支出できなくなってしまう.

政府債務の水準は,たいていGDP総額に占める割合として議論される.もし,$y_1=y_2=y$であるとすると,最適な債務の対GDP比は,次のように簡単に表すことができる.

$$\frac{d^*}{y}=\frac{\tau(1-\beta\rho)}{1+\beta\rho}$$

この式では,国家が喜んで債務を負う別の重要な要因が強調されている.それは,時間割引因子βと税率τの2つである.目先のことを優先する個人から構成される(βが小さい)社会は,忍耐強い個人から構成される社会(βが大きい)よりも多額の負債を抱える可能性が高い.同様に,大きな公共部門と高い税率の(すなわち,τが高い)国家の債務の対GDP比も,税率が低い国より大きくなるであろう.

12.5 負債による資金調達と債務免除

上述のように,世界の多くの国々は維持不可能な水準の政府債務を負っている.実際,将来に期待できる返済額をはるかに超えて負債を負っていると国際的な貸し手が判断しているような国の事例は歴史的にみていくつも存在する.そのような場合,貸し手は債務国の利益のためだけではなく,自らの利益のためにいったい何を為すべきであろうか.その国が後で返済できるようになることを期待して,新規に融資を行い債務への資金融通を継続するべきであろうか,それとも債務水準が持続可能な水準で安定するように,いくらかの債権放棄をするべきであろうか.

構造調整プログラムのとき,発展途上国の中には債務危機によって債務の

繰り延べが行われた国もあった．また，より重い債務を抱える幾つかの国々に対しては債務の免除も行われた．2007年-08年にかけて起きた世界金融危機の後，債務の返済が困難となったギリシャやポルトガルのような国を抱える欧州連合（EU）では，こうした問題が再び注目されるようになった．

12.5.1 過剰債務

ここでは，過剰債務問題に影響を与える分析を行ったKrugman（1988）の議論を概観する．このモデルは，上述のモデルと同じく2期間の枠組を設定しており，当該国は$d>0$に相当する債務を引き継いでいると仮定される．期間1と期間2の政府収入のフローは，τy_1とτy_2で与えられる．τは外生的に与えられた税率であり，y_1, $y_2>0$は所得水準を表す．負債はどちらの期間でも返済可能である．この国は期間1において負債を最大でもτy_1しか減らすことができない．それゆえ，期間2の負債は$d-\tau y_1=b\geq 0$となる．もし，$b>0$であれば，国際的な貸し手は現行の国際利子率$r>0$でbと同額の再融資を行うかもしれない．したがって，期間2の負債の支払いは$(d-\tau y_1)(1+r)$となる．

ここで，期間1の所得が既知である一方，期間2の所得は不確実であり，それは高水準y_2^Hか，低水準y_2^Lかのいずれかの値をとると仮定する．ここで，$y_2^H>y_2^L$とする．この所得の相違は，たとえばその国が販売する財の世界市場における価格の高低に依存するかもしれない．良い結果が出る確率をρ，悪い結果が出る確率を$1-\rho$とする．また，期間2の実際の収入は政府による調整努力eにも依存すると仮定する．政府による調整努力とは，たとえば為替レートの再調整であったり，経済の機能改善や所得増加に寄与する関税の撤廃などである．簡単化のため，どのような1単位の調整努力を行っても追加的に1単位の生産物が生み出されると仮定する．以上から，期間1において期待される期間2の所得の水準は，$E_1(y_2)=\rho y_2^H+(1-\rho)y_2^L+e$となる．また，実際の水準は

$$y_2=y_2^i+e$$

である．ただし，$y^i \in \{y^H, y^L\}$ である．何が政府の努力水準 e を決定するかについては，後で再び立ち戻ることにしよう．

以上から，その国に期待される期間 2 の最大返済能力は，$\tau E_1(y_2) = \tau[\rho y_2^H + (1-\rho)y_2^L + e]$ となる．もし，$b(1+r) > \tau E_1(y_2)$ であれば，この国の負債は期間 2 において維持不可能となる．これと同様に，維持不可能な債務水準（Krugman の言葉を用いれば過剰債務（*debt overhang*））を抱える国の状況は，次式のように特徴づけられる．

$$\begin{aligned} d &> \tau y_1 + \frac{\tau E_1(y_2)}{1+r} \\ &= \tau y_1 + \frac{\tau[\rho y_2^H + (1-\rho)y_2^L + e]}{1+r} \end{aligned} \tag{12.8}$$

すなわち，債務の水準が将来の総政府収入の期待割引現在価値よりも大きいということである．国際的な貸し手は，典型的には危険中立的または危険回避的であるから，期間 1 においてそのような状態の国に対する融資は概して消極的となろう．貸し手が融資を拒否すると，その国は債務不履行に陥り，全ての返済を取り消す必要が生じてしまうかもしれない．

こうした過剰債務の問題に対する一般的解決策は，$\tau^{\text{new}} \geq \dfrac{d}{y_1 + \dfrac{E_1(y_2)}{1+r}}$ となるように比例税率を引き上げて，$\tau^{\text{new}} > \tau$ という新たな水準を設定することである．これは，確かに西側先進諸国にとっては過剰債務問題を部分的に解決する実行可能な戦略であるかもしれない．しかし，Besley and Persson (2010) が強調するように，国家が国民に課税する財政能力（*fiscal capacity*）はその法的能力（*legal capacity*），あるいはより一般的にはその国家の能力（*state capacity*）と密接に結びついている．たとえば，ヨーロッパには数百年かけてそうした能力を発達させてきた国が幾つもある．国民に効率的に課税できなかった国は軍事競争に突入して地図から消え去ることにもなった．世界の他の地域ではこのような類似の過程は生じていない．比較的最近になって国家

の地位を得たアフリカ地域でも起きていない．したがって，世界の多くの地域ではτの水準を引き上げる余地がほとんど無いのかもしれない．

歴史的にはソブリン・デフォルト（*sovereign default*）の事例は多くあったが，それでも債務国と国際社会は，たいてい国家的な債務不履行という事態を避けようとしてきた．国際通貨基金（*International Monetary Fund*）（IMF）が1945年に設立されて以来，IMFは重債務国への最後の貸し手としての役割を果たしてきた．2011年まで，ギリシャは債務の資金調達のためにIMFに頼らなければならない国の1つであった．

最適な債務契約はどのように設計されるべきであろうか．明らかに，利潤を最大化する金融機関は自己の期待利潤にのみ関心を持つため，過剰債務に陥っている国へは融資しないであろう．IMFが効用関数の中で，債務国に対して何らかのウェイトを付与しているとすれば，その最適な戦略は異なってくる．

期間1において流動性危機が広がり，それゆえ残った負債の支払いが期待される将来の政府収入よりも多い，$b(1+r)>\tau E_1(y_2)$という状況について考えてみよう．このとき，IMFのような貸し手がとれる選択肢は何だろうか．上述の定義によれば，債務が維持不可能な場合でさえ，$\tau(y_2^H+e)>b(1+r)$が依然として成立する可能性があるということに注意しよう．すなわち，良好な結果y_2^Hが実現すれば，負債を返済できるかもしれないということである．したがって，1つの戦略は，全額を貸出し，そして良好な結果が生じること（または政府の努力eが十分に高くなること）を期待することかもしれない．その場合，IMFは貸出の全てを回収できる．したがって，実際の支払い額qは次のように表される．

$$q=\begin{cases}\tau y_2 & \text{if } \tau y_2 < b(1+r) \\ b(1+r) & \text{if } \tau y_2 > b(1+r)\end{cases} \quad (12.9)$$

もし，$q=\tau y_2$であれば，政府は$b(1+r)-\tau y_2>0$の金額を債務不履行とする必要がある．その場合，債務を返済した後に政府の手元に残り，公共財に費やせる金額は$g_2=\tau y_2-q=\tau y_2-\tau y_2=0$となる．しかし，$\tau y_2>b(1+r)$であれば，

$g_2 = \tau y_2 - b(1+r) > 0$ となるだろう．

IMF のもう 1 つの戦略は，利子率を国際利子率よりも低く（$r^{low} < r$）設定して，融資を継続することである．また，もし悪い結果が生じたときには，当該国が支払える水準に利子率を低く設定するということも考えられる．その場合，利子率は次のように表すことができる．

$$q = (1+r^{low})b$$
$$= \tau y^L$$
$$\Rightarrow r^{low} = \frac{\tau y^L}{b} - 1$$

この場合は，当該国の債務は実際に維持可能となるだろう．したがって，結果に関わらず，実際の支払い額は $q = \tau y^L$ となる．しかし，この低い利子率は無責任な行動への報酬と見られてしまう可能性がある．さらに，IMF は国際利子率との金利差である（$r - r^{low}$）を補てんする必要があるので，政府のデフォルトが遠のいたというわけではない．

3 番目の，そして上記と密接に関連した戦略とは，期間 1 に既に負っている債務の幾らかを繰り延べるか，あるいは免除（*forgive*）することによって，負債を新しい水準 $b^{low} < b$ に変更するということである．ここで，b^{low} は次式を満たす．

$$q = (1+r)b^{low}$$
$$= \tau y^L$$
$$\Rightarrow b^{low} = \frac{\tau y^L}{(1+r)}$$

これは，政府による部分的なデフォルトの額 $(b - b^{low})(1+r)$ と同額である．このことにより，この国は将来的に国際資本市場での資金調達が難しくなる可能性がある．

IMF が後者 2 つの選択肢を選んだとしたら，IMF は明らかに (12.9) 式に

おける不確定な支払いよりも，少ないかあるいは同じだけの返済しか得られないことになる．それなのになぜIMFは後者2つの選択肢を選ぶのであろうか．後者2つの選択肢においては，政府支出は $g_2 = \tau y_2 - \tau y^L = \tau(y^H - y^L + e) > 0$，あるいは $g_2 = \tau e \geq 0$ のどちらかになることに注意しよう．低水準の返済額を設定することで，IMFは政府を強く促して必要な調整努力 e を行わせる誘因を与えているのかもしれない．以下では，この点をさらに形式的に議論する．

12.5.2 内生的調整努力

国が債務危機に見舞われたときに，国の調整努力の水準を決定するものは一体何であろうか．ここではKrugman（1988）のモデルに沿って，政府の効用関数が単純に期間2の政府支出 g_2 と調整努力 e の選好のみから構成される（例えば債務国は常に期間1に τy_1 を返済しなければならないため，いずれにせよ $g_1 = 0$ となる）と仮定する．政府支出は，$g_2 = \tau y_2 - q$ で与えられる．ここで，q はIMFとの契約にしたがって政府が支払う実際の返済額を表す．

期間2の政府消費の期待効用は，関数 $E_1(u(g_2))$ によって与えられる．ここで，$u'(g_2) > 0$ および $u''(g_2) < 0$ である．調整努力 e は政府に不効用をもたらす．こうした必要な改革によって，社会には改革前と比べて損失を被るグループが幾つか出てしまうことになる．おそらくそれは，労働市場や年金の改革を通じた結果である．こうした不効用は関数 $v(e)$ によって表され，その性質は $v'(e) > 0$ および $v''(e) > 0$ である．そのため，e とともに限界不効用は増大する．以上から，政府の期待効用は次式で表すことができる．

$$\begin{aligned} E_1(U) &= E_1(u(g_2)) - v(e) \\ &= [u(\tau[\rho y_2^H + (1-\rho)y_2^L + e] - q)] - v(e) \end{aligned} \tag{12.10}$$

ここで，2行目では $E_1(y_2) = \rho y_2^H + (1-\rho)y_2^L + e$ を代入している．

効用関数における政府の制御変数は，調整努力の水準 e である．調整努力は必然的にトレードオフを伴うことは明らかである．すなわち，高水準の e は $E_1(y_2)$ を増加させる．これは，通常，潜在的な政府支出 g_2 を増加させる．

12.5 負債による資金調達と債務免除

ところが，努力の「限界費用 (marginal cost)」は，$v'(e)>0$ である．また，次のことにも注意が必要である．すなわち，$\tau y_2 < b(1+r)$ を満たす全ての水準について，政府は努力を増加させる誘因を持たないということである．なぜなら，政府の余分な収入は全て貸し手への返済に消えてしまうからである．

このことをより形式的にみるために，(12.10) 式をもとに最大化のための1階の条件を求める．

$$\frac{\partial E_1(U)}{\partial e} = u'(g_2)\frac{\partial E_1(g_2)}{\partial e} - v'(e) = 0$$

すでに全ての $e>0$ について，$u'(g_2)>0$ かつ $v'(e)>0$ であることは分かっているから，正の均衡水準 $e^*>0$ が存在するかどうかは，$\frac{\partial E_1(g_2)}{\partial e}$ の項にかかっている．IMF がいかなる負債も免除せず，国際利子率 r で貸出を行い，その全てを返済できるように良好な結果を望むというのであれば，$\tau E_1(y_2) < b(1+r)$ を満たす全ての水準に対して政府は $\tau E_1(y_2)$ を稼得することを期待し，それと同額の返済をしなければならなくなる．e の上昇は期待収益を増加させ，かつ期待返済額を1対1で増加させる．それゆえ，$\frac{\partial E_1(g_2)}{\partial e} = 0$ となる．したがって，政府にとって調整努力を行う誘因は全くなく，その最適水準は $e^*=0$ となる．

もし，債務契約がより寛大な水準 $q=\tau y^L$ に設定されていれば，$\tau E_1(y_2)>q$ となる．そして，全ての $e>0$ について，さらなる努力によって $E_1(g_2)$ が増加する．このことは $\frac{\partial E_1(g_2)}{\partial e}=1$ を意味し，そして最適な努力の水準が $u'(g_2)=v'(e^*)$ で与えられることを意味する．この節では，IMF の効用関数を明示的にモデル化していないが，$e^*>0$ がその選好の一部を構成するかもしれないということは直観的に想像することができる．

第13章 インフレーションと金融政策

インフレーションとは，ある年から次の年にかけての一般物価水準（通常，消費者物価指数によって測られる）の上昇率（百分率）をいう．インフレーションは歴史的に貨幣が存在するところであればどこでも観察されてきた．この章では，インフレーションの発生原因に焦点を当てるとともに，金融政策がインフレーションと経済全体に対してどのような影響を与えるかについて分析する．

第11章では，インフレーションが短期的に総供給と総需要の影響を強く受けるということを一般的なレベルで議論した．たとえば，需要が拡大すると常にインフレ率が上昇するといった具合である（ただし AS 曲線が水平でなければ，である）．負の供給ショック（たとえば石油のような重要な生産要素の価格上昇）が起きた場合も，供給の収縮とインフレ率の上昇が引き起こされる．

この章では，インフレーションの政治経済的な影響，ならびにインフレーションと産出量の成長との間に認められるトレードオフについて深く掘り下げる．まず，古典的な貨幣数量説（*quantity theory of money*）から議論を起こし，そして金融政策の時間非整合性モデル（*time-inconsistency model*），ならびにそうした非整合性に対する潜在的な解決策へと議論を進める．これらは，もともと Kydland and Prescott (1977) で議論されたテーマである．その後，政治的景気循環（*political business cycles*）に議論を拡張し，物価の安定性に関して選好が異なる政党が存在するということがインフレーションに対してどのように影響を与えるかを分析する．これらの節は，Alesina and Stella (2010) にその多くを負っている．最後に，シニョレッジ（通貨発行益（*seigniorage*））について取り上げる．

13.1 貨幣数量説

長期において，インフレーションと貨幣供給量との間に密接な関係があるということは広く知られている．最も一般的な貨幣数量説（*quantity theory of money*）では，次のような基本的な関係式が想定される[1]．

$$MV=PY$$

ここで，M は名目貨幣残高，V は貨幣の流通速度（*velocity of money*），もしくは1単位の貨幣が経済の中で使用される平均頻度を表す．P は一般物価水準，Y は実質 GDP を表す．V は時間を通じてほとんど変化しないパラメータであり，特にその国の金融部門の発展具合に依存する．このような設定の下では，通常 Y も一定と仮定される．以上から，一般物価水準を $P=M\dfrac{V}{Y}$ と表すことができる．M の増加は P に対してプラスの影響を与える．すなわち，インフレーションを招くということである．実証分析においても貨幣供給量が長期にわたって大幅に増加すると，その後インフレーションが起りがちであるということが示されている．

13.2　インフレーションと貨幣市場

第11章では，貨幣市場の均衡が実質貨幣供給と実質貨幣需要が一致した時に得られるということをみた．すなわち，

$$\frac{M}{P}=L(r+\pi^e, Y)$$

である．この式において，Y と r を定数（$\bar{Y}$ および $\bar{r}$），また金融政策ルールは

---

[1] 貨幣残高とインフレーションの間に正の相関関係があることが理解されたのはかなり古く，少なくとも1500年代のコペルニクスまでは遡ることができる．

186   第13章　インフレーションと金融政策

適用されないと仮定すると，$P=\dfrac{M}{L(\bar{r}+\pi^e,\bar{Y})}$ が得られる．この式は，貨幣数量説と同様，一般物価水準と名目貨幣残高の間に密接な関係があることを示している．現実のインフレ率と期待インフレ率は次のように表される．

$$\frac{\dot{P}}{P}=\pi=\pi^e=\frac{\dot{M}}{M}$$

ここで，$\dfrac{\dot{P}}{P}$ と $\dfrac{\dot{M}}{M}$ は一般物価指数と名目貨幣残高の伸び率（時間微分を現在の水準で割ったもの）をそれぞれ表している．つまり，物価は完全に伸縮的である．

通貨当局が貨幣供給の増加率 $\dfrac{\dot{M}}{M}$ を引き上げると発表したとしよう．これにより期待インフレ率と実際のインフレ率は上昇（$\pi=\pi^e$）する．その結果，名目利子率 $i=r+\pi^e$ が上昇するため，貨幣需要は直ちに減少する[2]．このような貨幣需要の減少とバランスを保つためには，実質貨幣供給も減少しなくてはならない．これは，P が上昇しなければならないことを意味する．以上から，貨幣供給増加率の引き上げは，長期的なインフレ率の上昇と，一般物価水準の一度限りの非連続的な上方ジャンプを引き起こすことがわかる．

通貨当局が貨幣供給の増加率を引き下げた場合は，逆に長期的なインフレ率の低下と物価水準の非連続的な下方ジャンプを招くことになる．このような劇的な事態を回避するためには，中央銀行は長期的な貨幣供給量の増加率の引き下げと一時的な貨幣供給量の増加とを組み合わせるべきであろう（Romer（2005））．

13.3　金融政策の時間非整合性

上記の貨幣数量説や貨幣市場の分析では，貨幣供給とインフレーションの間に密接な関係があることは強調されているが，そこではなぜ中央銀行や政府が貨幣供給の増加率を非常に高く維持しようとするのかという問題については答えていない．残りの節ではこうした問題について考えていくことにす

---

[2] これは，Fisher 効果（*Fisher effect*）と呼ばれることもある．

る.

　第 10 章の Phillips 曲線の分析では，高いインフレ水準が続くのはこれまでに確認されているインフレと失業率との間のトレードオフが原因ではないかという説明がなされている．Kydland and Prescott（1977）が，生産とインフレーションとの間にトレードオフは存在しないという長期の場合でさえ，政策決定者は社会的な最適水準を超えるインフレを引き起こしがちであるという，いわゆるインフレ・バイアス（*inflation bias*）の存在を指摘したことはよく知られている．

13.3.1　基本想定

　第 10 章と同様，Lucas 型供給関数を想定しよう．

$$y = \bar{y} + b(\pi - \pi^e) \tag{13.1}$$

ここで，y は現実の生産量（対数値），$\bar{y}$ は自然産出量（長期総供給），π と π^e は実際のインフレ率と期待インフレ率を表す．また，$b>0$ はインフレ率の乖離に対して生産量がどれだけ変化するかを表すパラメータである．中央銀行（あるいはより一般的には政策決定者）は現実のインフレ率をコントロールできると仮定する．一方，人々はインフレ率について合理的期待 π^e を形成すると仮定する．これらの期待は賃金契約に反映されるため，インフレ期待には粘着的な要素があると考えられる．中央銀行が生産水準を自然水準 $\bar{y}$ 以上に増加させるためには，$\pi > \pi^e$ となるようにインフレ率を設定して人々の意表を突くしかない．

　ここでさらに，中央銀行の意思決定が次の（不）効用関数，ないし社会的損失関数によって規定されると仮定する．

$$V = \frac{1}{2}(y - y^*)^2 + \frac{1}{2}a(\pi - \pi^*)^2 \tag{13.2}$$

中央銀行は，現実の生産量（y）とインフレ率（π）を何らかの目標水準 y^*

および π^* に可能な限り近づけることを目標に金融政策を運営するとしよう．$a>0$ は，インフレ抑制に対して付与される相対的なウェイトである．中央銀行はたいていインフレ抑制をもっとも重要な政策と位置付けている．これは，$a>1$ であることを意味する．その上，政府と同様，中央銀行も生産（または失業）水準（y^*）については自然水準（$\bar{y}$）よりも高く（低く）維持したいと望んでいる．すなわち，$y^*>\bar{y}$ という水準である．y^* は完全雇用生産量を表す．簡単化のため，目標インフレ率は $\pi^*=0$ であると仮定する[3]．

　中央銀行の金融政策には少なくとも2つの戦略がある．1つは，人々の期待とは独立して拘束力のあるインフレ公約（*binding inflation commitments*）を行うという戦略，もう1つは政策決定において人々の期待を考慮して裁量的な金融政策（*discretionary monetary policy*）を行うという戦略，である．

　もし，中央銀行が拘束力のある公約をするのであれば，経済動向に合わせたインフレ調整を行うことは許されないことになる．中央銀行がいかなる場合でもインフレ率を $\pi=0$ に維持すると約束したと仮定しよう．もし，人々がこの公約は信頼できると考えるならば，インフレ期待も $\pi^e=0$ となるであろう．この場合，中央銀行はインフレ率を単に $\pi=0$ に設定すればいいだけとなる．この水準は，社会的に最適なインフレ水準となる．

13.3.2　裁量的金融政策

　もし，中央銀行が裁量的金融政策を行う場合には，中央銀行は人々が期待を形成した後にインフレ率を伸縮的に決定することができる．重要な点は，現実の生産が（13.1）式に基づいていると中央銀行が認識しているということである．つまり，Lucas型供給関数が示すように，インフレ率を期待インフレ率よりも高く設定すれば，生産量を増大させることができるということである．これらの仮定を結び付けると，中央銀行の最小化問題は次式のように表すことができる．

---

[3] π^* は西側諸国ではおよそ2％程度である．

$$\min_{\pi} V(\pi) = \frac{1}{2}[\bar{y} + b(\pi - \pi^e) - y^*]^2 + \frac{1}{2}a\pi^2 \tag{13.3}$$

しかし,人々は欺かれることを望まない.また,人々は中央銀行のインフレ政策について合理的に期待を形成する.形式的には,人々の目的は $(\pi^e - \pi)^2$ の最小化を目指すものとして記述することができる.Kydland and Prescott のモデルでは,中央銀行と人々の相互作用は逐次的な完全情報ゲームの形をしている.つまり,人々が最初に π^e を形成するという形で動き,その後で中央銀行が観察された π^e の水準に基づいて条件的に π を設定するということである.

通常の連続ゲームがそうであるように,解は後ろ向き推論法によって求めることができる.つまり,第2段階から始めるということである.

第2段階:中央銀行は π^e を与件として,(13.3) 式を最小化するように π を選択する.

(13.3) 式を最小化する水準を得るには,1階の条件が必要である[4].

$$\frac{\partial V}{\partial \pi} = [\bar{y} + b(\pi - \pi^e) - y^*]b + a\pi = 0$$

若干の計算の後,1階の条件を満たす π と π^e の組み合わせが得られる.これは,以下のような中央銀行の最適応答(あるいは反応)関数(*best response (or reaction) function*)を与える.

---

[4] $\frac{\partial^2 V}{\partial \pi^2} > 0$ であるため,最小化のための2階の条件は満たされる.

$$\pi^r(\pi^e) = \frac{b}{a+b^2}(y^* - \bar{y}) + \frac{b^2 \pi^e}{a+b^2} \tag{13.4}$$

ここで，π^r は (13.3) 式を最小化する π の水準である．

反応関数 (13.4) 式は**図 13.1** に図示されているが，ここでは2つの重要な点を押さえておく必要がある．第1に，選択された π の水準は常にゼロより大きいということである．なぜなら，第1項は正，$\frac{b(y^*-\bar{y})}{a+b^2}>0$ だからである．この効果の大きさは，社会的最適生産水準（および失業水準）y^* の自然水準 $\bar{y}$ からの乖離に依存する．これが，前に言及した裁量的金融政策におけるインフレ・バイアス (*inflation bias*) の原因である．第2に，中央銀行の最適インフレ水準は人々のインフレ期待 π^e とともに直線的に増加するということである．

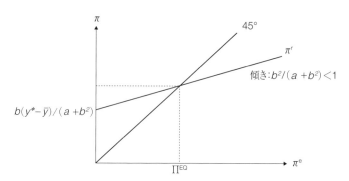

図 13.1　裁量的金融政策のもとでの均衡インフレ率

モデルの完全な解を得るために，次に第1段階へ移る必要がある．

第1段階：中央銀行の反応関数を考慮に入れて，人々はインフレ期待 π^e を形成する．

人々はゲームのルールを知っている．また，人々は中央銀行が (13.4) 式

にしたがって期待インフレ率よりも高いインフレ率を設定して自分たちの意表を突こうとしていることも認識している．人々は驚きを最小化しようとするから，インフレ期待を $\pi^e = \pi^r$ になるまで上昇させる．(π, π^e) 空間における反応関数の傾きは 1 より小さいから，この等式が満たされる水準は必ず存在する．図 **13.1** に示されているように，この水準は $\pi = \pi^{EQ}$ である．$\pi^{EQ} = \pi^e = \pi^r$ を (13.4) 式に代入して解けば，インフレ率の部分ゲーム完全 Nash 均衡 (*subgame perfect Nash equilibrium*) を求めることができる．

$$\pi^{EQ} = \frac{b}{a}(y^* - \bar{y}) > 0$$

この式からわかる最も重要なことは，以前にも述べたように，$\pi^{EQ} > 0$ ということである．すなわち，公式のインフレ目標がたとえ $\pi^* = 0$ であったとしても，裁量的金融政策が行なわれるということによってインフレ率は常に社会的な最適水準よりも高くなってしまうということである．その理由は，$\pi^* = 0$ という目標が時間非整合的 (*time-inconsistent*) だからである．すなわち，人々が最初にインフレ期待を設定すると，中央銀行はその後に $\pi > 0$ を設定することが常に最適となる．それゆえ，裁量的政策は柔軟性が高いという意味では確かに聞こえは良いかもしれないが，これは拘束力のあるインフレ目標のもとで実現するインフレ率よりも必ず高いインフレ率を生み出してしまう．

均衡では，$\pi^{EQ} = \pi^e$ が成立するため，$y^{EQ} = \bar{y} + b(\pi^{EQ} - \pi^e) = \bar{y}$ となることに注意しよう．つまり，均衡生産水準は自然産出量水準に一致するが，この水準は社会的な最適水準 y^* よりも低い．こうした観点から，裁量的金融政策の正味の結果を評価するならば，それは単に社会的に準最適なインフレ水準をもたらすに過ぎないということになる．

13.3.3 確率的な生産ショック

現実の金融政策は，経済がどのように推移していくかまったくわからない不確実な世界の中で運営される．実物的景気循環に関する文献で示されてい

るように，ショックはランダムに現われる傾向があると考えるべき理由が幾つもある．金融政策がこうしたランダムなショックに対してある程度反応することも，また人々が期待を形成した後に政策形成が行われることも，実際にはしばしば見られる（Alesina and Stella 2010）．

このことを示すために，いま t 時点の生産活動が次式にしたがって行われると仮定する．

$$y_t = \bar{y} + b(\pi_t - \pi_t^e + \varepsilon_t) \tag{13.5}$$

ここで，ε_t は期待値が $E_t(\varepsilon_t) = 0$ の確率的生産ショックを表す．簡単化のため，ε_t は $E_t(\varepsilon_t) = 0$ を満たす確率分布をもち，好況時には $\gamma > 0$，不況時には $-\gamma$ の値をとると仮定する．

こうした新しい仮定と，既に示した損失関数を想定すると，次式が得られる．

$$\min_\pi V(\pi) = \frac{1}{2}[\bar{y} + b(\pi - \pi^e + \varepsilon_t) - y^*]^2 + \frac{1}{2}a\pi^2 \tag{13.6}$$

1階の条件から，中央銀行の反応関数を導くことができる．

$$\pi^r(\pi^e) = \frac{b}{a+b^2}(y^* - \bar{y}) + \frac{b^2(\pi^e - \varepsilon_t)}{a+b^2} \tag{13.7}$$

第2段階，すなわち中央銀行が人々のインフレ期待 π^e を所与と考えてインフレ水準を決定する段階では，中央銀行は実際の ε_t の実現値に関する情報も持っている．しかし，人々は経済に何が起きるかを知る前に期待を形成しなければならない．ショックについての人々の合理的期待は単に $E_t(\varepsilon_t) = 0$ でしかない．

これまでと同様，上の式に $\pi^{EQ} = \pi^e$ を代入すれば，裁量的な金融政策と不確実性が存在する下での均衡インフレ水準を求めることができる．

$$\pi^{\mathrm{EQ}} = \frac{b}{a+b^2}(y^* - \bar{y}) + \frac{b^2(\pi^{\mathrm{EQ}} - \varepsilon_t)}{a+b^2}$$

$$\pi^{\mathrm{EQ}}\left(1 - \frac{b^2}{a+b^2}\right) = \pi^{\mathrm{EQ}}\left(\frac{a}{a+b^2}\right)$$

$$= \frac{b}{a+b^2}(y^* - \bar{y}) - \frac{b^2 \varepsilon_t}{a+b^2}$$

$$\pi^{\mathrm{EQ}} = \frac{b}{a}(y^* - \bar{y}) - \frac{b^2}{a}\varepsilon_t$$

これらの式から，均衡インフレ率は好況時には $\frac{b}{a}(y^* - \bar{y}) - \frac{b^2}{a}\gamma$，不況時には $\frac{b}{a}(y^* - \bar{y}) + \frac{b^2}{a}\gamma$ となることがわかる．したがって，インフレ率は不況時の方が高くなる．この結果から次のことが示唆される．すなわち，不況時においては，生産水準は目標水準 y^* から大きく乖離するということであり，そのことは中央銀行にとって生産水準の引き上げにつながるインフレ政策をより一層魅力的なものにする，ということである．好況時には逆の論理が当てはまる．

13.3.4 時間非整合性の解決策

　時間非整合性に対する解決策について，評判（*reputation*）と委任（*delegation*）という2つの方法がしばしば議論される．評判は，通貨当局が1期間以上にわたって存在するかどうかに完全に依存する．そうでなければ，非繰り返しゲームを行うことが常に最適となってしまうからである．しかし，政策決定者が1期間以上にわたって責任を持つのであれば，第2期のインフレ期待は第1期の現実のインフレ率に依存することになる．つまり，第1期のインフレ率の選択行動には異時点間の「外部性（*externality*）」が存在するということである．したがって，政策決定者は概して第1期の高インフレを許容しないであろう．ゆえに，評判が考慮されるなら，第1期においてより低いインフレ水準がもたらされることになる．

　時間非整合性に対する2番目の潜在的な解決策というのは，インフレ抑制を強く（しばしば法律によって）要請される独立した中央銀行に対して貨幣的

な権限を委任するという方法である．これは，上述の連続的ゲームという枠組みの中では，(13.2) 式において $a'>a$ であるような「保守的な (*conservative*)」中央銀行に対して権限を委任するということに等しい (Rogoff and Sibert 1985)．その場合，図 13.1 において，切片はより低下し，傾きはより水平に近くなる．もちろん，そのことはインフレ率の均衡水準が以前よりも低くなることを意味する．しかし，それは $y^*-\bar{y}>0$ である限り，やはりゼロよりも大きい水準であろう．

13.4 政治的景気循環

上述のモデルでは，インフレと生産の社会的な最適水準について，全く問題にされなかった．西洋の民主主義国家では，たいてい経済政策は選挙の重要課題であり，政党によってその主張する目的はしばしば異なる．Hibbs (1977) を嚆矢とする党派的景気循環理論では，左派政党は失業に対してより強い関心を持つ傾向にある一方で，右派政党はインフレ抑制に対してより注意を払うと仮定される．

こうした仮定は容易に基本モデルに取り入れることができる[5]．この節では，政権与党が裁量的な金融政策に対して実質的に影響を与えることができると仮定する[6]．左派政党と右派政党の損失関数は，それぞれ次式で与えられる．

$$V^L = \frac{1}{2}(y-y^*)^2 + \frac{1}{2}a_L\pi^2$$

$$V^R = \frac{1}{2}(y-y^*)^2 + \frac{1}{2}a_R\pi^2$$

ここで，V^L は左派政党の損失関数，V^R は右派政党の損失関数を表す．2 つの関数間の重要な相違は，$a_R>a_L$ である．これは，右派政党の方がインフレ抑

---

[5] 以下の説明は，Alesina and Stella (2010) をもとにしたものである．
[6] 完全に独立した中央銀行の場合は，こうしたことは形式的に不可能である．

制に対して相対的に大きなウェイトを置いているということを意味する．どちらの政党も完全雇用，$y=y^*$ の達成を望んでいるが，後で示されるように，左派政党の方が完全雇用を実現するために高インフレという代償をより積極的に支払おうとすると仮定される．いま，簡単化のため，$b=1$ とおく．これは，生産が予期しないインフレーションに対して完全に反応するということを意味している．

1階の条件をとり，損失関数を最小化すると，最適反応関数が得られる．

$$\pi^{r,L} = \frac{y^* - \bar{y}}{1+a_L} + \frac{\pi^e}{1+a_L}$$

$$\pi^{r,R} = \frac{y^* - \bar{y}}{1+a_R} + \frac{\pi^e}{1+a_R} \tag{13.8}$$

また，均衡インフレ率についても求めることができる．

$$\pi^{\text{EQ},L} = \frac{(y^* - \bar{y})}{a_L} > 0, \quad \pi^{\text{EQ},R} = \frac{(y^* - \bar{y})}{a_R} > 0 \tag{13.9}$$

ここで，$a_R > a_L$ より，$\pi^{\text{EQ},R} < \pi^{\text{EQ},L}$ となる．つまり，右派政党が政権を握っているときの方が均衡インフレ率は低くなる．一方，均衡生産水準は，$y^L = \bar{y} + \pi^{\text{EQ},L} - \pi^e = \bar{y}$ および $y^R = \bar{y} + \pi^{\text{EQ},R} - \pi^e = \bar{y}$ となる．

選挙が無い年のこうした状況については人々もよく知っていて，彼らはそうした状況に応じて期待を調整している．しかし，選挙の年にはどの政党が政権を握るかについて不確実性が存在する．前述の確率的生産ショックの議論に沿って，人々は第1期に期待を形成すると仮定しよう．また，政治的にコントロールされた中央銀行は選挙結果を観察した後に，勝利した政党の選好にしたがってインフレ率を設定すると仮定する．

期待が形成される時点における右派政党の勝利確率を ρ とする．それゆえ，左派政党の勝利確率は $1-\rho$ となる．以上から，期待インフレ率は次のように表される．

$$\pi^e = (1-\rho)\pi^{r,L} + \rho\pi^{r,R}$$
$$= (1-\rho)\left(\frac{y^* - \bar{y} + \pi^e}{1+a_L}\right) + \rho\left(\frac{y^* - \bar{y} + \pi^e}{1+a_R}\right)$$

若干の計算を施せば，π^e についてまとめることができる．

$$\pi^e = \frac{(y^* - \bar{y})[1 + a_R - \rho(a_R - a_L)]}{(1+a_R)a_L + \rho(a_R - a_L)} \tag{13.10}$$

この式は，選挙での右派政党の勝利確率 ρ が上昇すると，π^e は低下することを示している．これは，右派政党は左派政党に比べてインフレに対してより回避的であるという直観に沿った結果である．

（13.10）式を（13.8）式に代入すると，選挙の年（t 年）における実際のインフレ水準を求めることができる．

$$\pi^{EQ,L} = \frac{(y^* - \bar{y})(1+a_R)}{(1+a_R)a_L + \rho(a_R - a_L)}$$

$$\pi^{EQ,R} = \frac{(y^* - \bar{y})(1+a_L)}{(1+a_R)a_L + \rho(a_R - a_L)}$$

ここで，$a_R > a_L$ であるから，再び $\pi^{EQ,L} > \pi^{EQ,R}$ が成り立つことがわかる．これとは別の興味深い結果が，選挙のない「中間」年と選挙がある年に各政党がそれぞれ選ぶインフレ水準を比較したときに得られる．中間年は $t-1$ 年，選挙は次の t 年である．それゆえ，$\pi^{EQ,L}_{t-1}$ は中間年に政権をとっている左派政党が選ぶ最適なインフレ水準であり，それは（13.9）式で与えられる．$\pi^{EQ,R}_{t-1}$ も同様に定義される．以上から，次のような不等号が成立することを容易に示すことができる．

（ⅰ）$\pi^{EQ,L}_t < \pi^{EQ,L}_{t-1}$

(ⅱ) $\pi_t^{EQ,R} > \pi_{t-1}^{EQ,R}$

(ⅲ) $\pi_t^{EQ,L} > \pi_{t-1}^{EQ,R}$

(ⅳ) $\pi_t^{EQ,R} < \pi_{t-1}^{EQ,L}$

（ⅰ）の不等号の向きは，左派政党が政権を握っていて，かつ選挙に勝利した場合，インフレ率が選挙の年に低下することを示している．その理由は，投票者が右派政党に勝利確率 $\rho > 0$ を与えているため，選挙年にインフレ期待が低下するからである．したがって，政府に誘導された中央銀行は左派政党が勝利した場合でも，以前より低いインフレ水準を設定することができる．右派政党が政権にあるときは，逆の論理（ⅱ）が当てはまる．選挙の年において左派政党が勝利する確率もゼロではないため，インフレ期待は上昇する．それゆえ，右派政党が勝利した場合でも選挙の年を通じてより高い水準のインフレが経済にもたらされることになる．

不等号（ⅲ）と（ⅳ）の成立はそれほど意外なことではない．もし左派政党が選挙に勝利して右派政党から政権を奪うことになると，インフレ率は上昇する（ⅲ）．一方，もし逆のことが起これば，インフレ率は低下する（ⅳ）．

選挙で別の政党が勝利した場合の生産水準については次のように表される．

$$\begin{aligned} y_t^L &= \bar{y} + \pi_t^{EQ,L} - \pi_t^e \\ &= \bar{y} + \frac{\rho(y^* - \bar{y})(a_R - a_L)}{(1+a_R)a_L + \rho(a_R - a_L)} \\ &= \bar{y} + \rho\eta \end{aligned} \quad (13.11)$$

$$\begin{aligned} y_t^R &= \bar{y} + \pi_t^{EQ,R} - \pi_t^e \\ &= \bar{y} - \frac{(1-\rho)(y^* - \bar{y})(a_R - a_L)}{(1+a_R)a_L + \rho(a_R - a_L)} \\ &= \bar{y} - (1-\rho)\eta \end{aligned} \quad (13.12)$$

ここで，$\eta > 0$ は（13.11）式と（13.12）式の第2段の右辺第2項を置き換え

たものである．明らかに，$y_t^L > y_t^R$ である．すなわち，右派政党の選挙前の当選確率 ρ を所与とすると，左派政党が勝利したときは，右派政党が勝利したときよりも高い生産水準が生み出される．このことは，左派政党の経済政策に対する選好が与えられたときに予想されていたことである．

しかし，選挙は政治的な景気循環を生み出すということに注意しよう．いずれかの政党が政権にある選挙のない中間年の生産水準は，ちょうど自然率水準 $\bar{y}$ にある．なぜなら，人々は正しく均衡インフレ水準を予測するため，中央銀行が有権者の意表を突くことで生産水準を引き上げることはできないからである．しかし，選挙の年 t には (13.11) 式の生産水準は自然率水準よりも高くなる．その理由は，人々は確率 ρ で右派政党が勝利すると考えているため，今回は左派政党が選ぶインフレ率よりも低いインフレ率を期待するからである．それゆえ，中央銀行は有権者を高いインフレ率で驚かせ，生産水準を引き上げることができる．右派政党が勝利する場合は，現実のインフレ水準は人々が期待するインフレ率よりも低くなるであろう．それゆえ，もし右派政党が選挙前から政権を握っていたとしても生産水準は低下するであろう．選挙の翌年には，生産水準は再び $\bar{y}$ に戻ることになる．

図 13.2 には，そうした政治的景気循環の 1 つの動学的な例，すなわち右派政党から左派政党へ予期しない形で政権が移行した場合に生じる生産水準とインフレ率の上昇の様子が描かれている．

$t-1$ 年とそれ以前の年の生産水準とインフレ率はそれぞれ $\bar{y}$ と $\frac{y^* - \bar{y}}{a_R}$ で表される．選挙の年が巡ってきたとき，右派政党の勝利確率の方が大きい $\left(\rho > \frac{1}{2}\right)$ と考えられているのであれば，それは低いインフレ期待と相対的に低い $\pi_t^{EQ,L}$ に反映されることになる．左派政党の予期しない勝利という驚きは，相対的に大きい生産量の増加 ($\rho\eta > 0$) を生み出す．そして，$t+1$ 年には経済は自然産出量の水準へと落ち着くが，インフレ率についてはより高い均衡水準へと上昇することになる．

この節から得られる重要な点は，たとえ同じ政党が選挙の前後で政権を握るということであっても，また経済のファンダメンタルズに何の変化がなかったとしても，インフレと生産に対する一時的な循環効果がやはり生じるということである．それは，選挙というものに伴う不確実性によって完全に

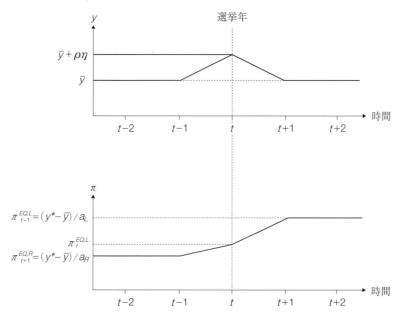

図 13.2 予想に反して左派政党が与党の右派政党に選挙で勝利したというような政治上のサイクルが及ぼす生産（y）とインフレ率（π）に対する影響の時間を通じた効果．

説明される．

13.5 Taylor ルール

　実際，中央銀行は直接インフレ率を選択しているわけではない．彼らは，主として名目利子率の決定を通じてインフレ率に影響を与えている．名目利子率は，国内の銀行が中央銀行から借り入れるときに要求される利子率である．このレートは通常，レポ・レート（*repo rate*）とよばれる[7]．中央銀行のレポ・レートは，金融部門全体の利子率に影響を与え，さらにそれは金融以外

---

[7] これは，技術的には次のような利子率のことを述べている．すなわち，中央銀行が銀行と短期のレポ取引（*repurchase agreements*）を通じて公開市場操作を行うときに使用される利子率である．本書では，こうした操作がどのように行われるかについては議論しない．

の部門の価格の上昇率にも影響を与える．

金融政策の時間非整合性という問題を解決する簡便な方法は，中央銀行が生産水準とインフレ水準の変化に応じて名目利子率（レポ・レート）を変更するという単純なルールを設定することである．たとえば，第11章では，中央銀行はYやπが上昇したときに実質利子率rを上昇させるという金融政策ルールに従うと仮定されていた．もし，こうしたルールに従うのであれば，裁量的金融政策の余地は存在せず，時間非整合性の問題は小さくなるかもしれない．

金融政策に関するそうしたルールについて1つの有名な提案が，Taylor (1993) によってなされた．金融政策のTaylorルール（*Taylor rule*）は，次のように定義される．

$$i_t = \pi_t + r_t^* + a_\pi(\pi_t - \pi^*) + a_y(y_t - \bar{y})$$

ここで，i_tは時点tにおける名目利子率，π_tは現実のインフレ率，π^*は社会的に最適なインフレ率，r_t^*は均衡実質利子率，y_tは現実の生産量（対数値），$\bar{y}$は自然産出量，あるいは直線トレンドによって予測される潜在産出量を表す．a_πとa_yは，それぞれインフレと生産に付与されるウェイトである．

Taylorの原論文では，アメリカの金融政策を理解するために，$r_t^*=2$（％），$\pi_t^*=2$（％），$a_\pi=a_y=\dfrac{1}{2}$という数値が用いられている[8]．

これらのパラメータの値を使うと，Taylorルールは次のようになる．

$$i_t = \pi_t + 2 + \frac{\pi_t - 2}{2} + \frac{y_t - \bar{y}}{2}$$

$$= 1 + \frac{3\pi_t}{2} + \frac{y_t - \bar{y}}{2}$$

この例によれば，生産とインフレの双方が望ましい水準（したがって，π_t-

---

[8] これは，実際にユーロ圏で適用されているものにも近く，例えばヨーロッパ中央銀行のインフレ目標は2％である．

$2=y_t-\bar{y}=0$) にあるとき, $i_t=4\%$ となる.もし, 他の変数を所与として, インフレ率のみがこの水準から1%上昇したとすると, Taylor ルールは中央銀行が名目利子率を 1.5% 引き上げて 5.5% にするべきであると主張していることになる.同様に, 生産が長期トレンドより 1% 増加 ($y_t-\bar{y}=1$) した場合は, 名目利子率は 0.5% 引き上げられることになる.このルールは, 生産とインフレの水準および変化に対して実際に観察されたアメリカ連邦準備銀行の反応に近いと Taylor (1993) は述べている.

13.6 シニョレッジ

上記の時間非整合性の問題は, 主として善意の通貨当局・政府を伴う先進西側諸国の状況を描くことを意図していた.脆弱な政治体制や独裁的支配者がいるような国では, 支配層の目的関数は上節で示された社会的損失関数と共通点はほとんどないように思われる.そうした国では, 支配層はしばしば通貨当局をコントロールしてあれやこれやの支出を賄うために貨幣の印刷を要求する.シニョレッジ(通貨発行益: *seigniorage*) とよばれるそうした行為は, しばしばハイパー・インフレ (*hyperinflation*) を引き起こす[9].この節では, シニョレッジの構造を分析する.

ここで再び, 貨幣市場の均衡式を取り上げる.

$$\frac{M}{P}=L(r+\pi^e, Y)$$

簡単化のため, r と Y は貨幣供給増加率には影響されない, また $\pi=\pi^e$ であると仮定する.また, 第 11.2 節と同様, インフレ率は貨幣供給の増加率に等しい, $\pi=\dfrac{\dot{M}}{M}=g_m$ と仮定する.

例として, 政府が戦争等により国際社会から資金調達が困難になったという状況を想定してみよう[10].資金調達の困難に対する短期的な唯一の解決策

---

[9] ハイパー・インフレは時折, インフレ率が1月あたりで50%を超えたときに発生していると定義される.しかし, ほとんどのハイパー・インフレのときには, インフレ率はもっと高い.

は，政府が新しい支出を満たせるように中央銀行に命じて貨幣を印刷させることである．こうした貨幣印刷による名目貨幣残高の増加を $\dot{M}$ で表わそう．これを一般物価水準で割ると，シニョレッジ S の水準が得られる．

$$S = \frac{\dot{M}}{P}$$
$$= \frac{\dot{M}}{M} \frac{M}{P}$$
$$= g_m \frac{M}{P} \tag{13.13}$$

修正された最後の式は，なぜシニョレッジが，実質貨幣残高に対するインフレ税（*inflation tax*）と呼ばれることがあるのかについて説明している．ここでは，貨幣供給増加率が「税（*tax*）」率となっている．

貨幣市場が均衡している場合，$\frac{M}{P} = L(r + \pi^e, Y)$ が成立しているはずである（ここでは，$\pi = \pi^e$，および $\pi = \frac{\dot{M}}{M} = g_m$ と仮定していることに注意）．これを，(13.13) 式に代入すると，次式が得られる．

$$S = g_m L(r + g_m, Y) \tag{13.14}$$

この式の興味深い点は，貨幣の印刷が貨幣需要に対して負の影響を与えるということである．それは，貨幣が印刷されることによって名目利子率 $i = r + g_m$ が上昇するからである．したがって，そこにはトレードオフが存在する．つまり，より多くの貨幣を印刷すると政府収入は増加するが，他方において社会が保有する実質貨幣残高は減少する．そのため，「課税基盤（*tax base*）」は弱体化することになる．(13.14) 式を微分すると，そうした正の効果と負の効果を形式的に示すことができる．

---

[10] 戦争は歴史上，何度もハイパー・インフレの原因となってきた．

$$\frac{\partial S}{\partial g_m} = L(r+g_m, Y) + g_m L_i(r+g_m, Y)$$
$$\quad\quad\quad\quad (+) \quad\quad\quad\quad (-)$$

g_m がゼロに近づくにつれて，第2項はゼロに近づく．しかし，$g_m=0$ であったとしても，$L(r+g_m, Y)$ の項は正であることに注意しよう．g_m が上昇すると，負の第2項が最終的に支配的となって式全体が負になることもありうる．その場合，**図 13.3** に見られるように，S と g_m の関係は逆「U」字型となる．**図 13.3** の曲線はインフレ税 Laffer 曲線（*inflation-tax Laffer curve*）とよばれている[11]．このように無慈悲な政府は，$\frac{\partial S}{\partial g_m}=0$ となる最大値までインフレを生み出すであろう[12]．これは，ある種皮肉な分析のようにみえるかもしれない．しかし，ハイパー・インフレはほぼ常に政府によって直接的に引き起こされてきたし，逆に政治的な意思さえあればハイパー・インフレは比較的容易に抑制することができるということである．

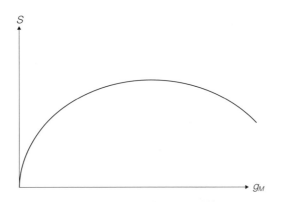

図 13.3 インフレ税 Laffer 曲線．

---

[11] もともと Laffer 曲線は，税収と税率の間に存在する逆「U」字型の関係を描いた曲線であった．
[12] 実証研究では，S の最大値はだいたいインフレ率が 200%-300% のところに見い出されると報告されている（Romer (2005））．

第14章 開放経済

ここまでの分析モデルは貿易が行われていない閉鎖経済を仮定してきた．この最終章では，国境を越えて貿易や資本移動が行われる場合に生じる経済への影響について分析する．実際，規模の小さな国の場合，GDPに占める貿易総額（輸出入合計）の割合はかなり大きいことが多い．

以下の節では，経常収支，国際収支，為替レートの名目と実質のような主要概念，および諸関係について定義することからはじめる．その後，2期間モデルにおいて消費流列を最適化することによって効用を最大化するような個人からなる代表的主体モデルを考える．経常収支の均衡がいつの時点でも常に最適であるとは限らないことを示すことが，このモデルの目的である．その後，Keynes流の非伸縮的価格モデル，すなわちMundell-Flemingモデルのようなより伝統的なモデルについて議論し，さらに為替レートのオーバーシューティングの理論についても考察する．最後に，最適な通貨統合の基準について分析を行う．

14.1 開放経済の勘定

14.1.1 経常収支

国民経済計算において，支出面から見た国内総生産は以下のように表される．

$$Y = C + I + G + X - M$$

ここで，$X-M=NX$ は純輸出（*net exports*），つまり経常収支バランス（*current account balance*）を表す．$X>M$ のように輸出が輸入を上回ると経常収支は黒字，逆に $X<M$ の場合は経常収支は赤字となる．経常収支の黒字は，国

内において生産が内需を上回る状態にあることを意味する．すなわち，$Y>C+I+G$ である．このような国は外国人に対する純貸し手，逆に経常赤字の国は外部からの純借り手と見なされる．

そのため，経常収支を考慮すると，国民貯蓄の定義が変わる．経済における民間総貯蓄を $S^P=Y-C-T$ とする．T は税の合計，$S^G=T-G$ は公的総貯蓄である．したがって，国民総貯蓄は次式で表される．

$$\begin{aligned} S &= S^P+S^G=Y-C-G \\ &= I+NX \end{aligned} \tag{14.1}$$

開放経済では，総貯蓄は総投資 I と等しい場合もあるが，純輸出にも左右される．

(14.1) 式を，さらに次式のように書き換えることができる．

$$NX=S^P-I-(G-T)$$

S^P-I の水準を所与とすれば，財政赤字 $G>T$ が巨額の場合，たいてい経常収支は赤字 $NX<0$ であることが多い．双子の赤字（*twin deficits*）といわれることもあるこうした状況は，過去10年間のアメリカのような世界最大の経済大国の特徴であった．

14.1.2 国際収支

国際収支は，ある国（自国：*home country*）と他の国との間で発生する全ての金融・貿易取引を記述している．経常収支は国際収支の一部である．残りの部分は資本収支（*capital account*）であり，これは自国と他の国との間の資本の流出入の差額を計上している．もし，外国人が自国の資産を購入（資本流入）（*capital inflow*）すると資本収支はプラスとなり，逆に国内の人々が外国の資産を購入（資本流出）（*capital outflow*）すると資本収支はマイナスとなる．構造的には，国際収支は次式のように表わされる．

国際収支＝経常収支＋資本収支＝0

経常収支の赤字，すなわち $NX=X-M<0$ は，資本収支の黒字でバランスをとらなければならない．これは，資本の流入が流出を上回る程度まで外国人が自国の資産を購入することを意味している．このような資産はたいてい債券などの金融資産である．このため，経常収支の赤字は，一般に国際的な純借入によって賄われる（外国人に国債を売る）ことになる．経常収支が黒字の場合は，逆のことが生じる．

ある t 時点における海外金融資産の純ストックを B_t とする．このとき経常収支は次式で表される．

$$NX_t = B_{t+1} - B_t \\ = Y_t + r_t B_t - C_t - I_t - G_t \qquad (14.2)$$

もし，$NX_t > 0$ なら，$B_{t+1} > B_t$ であり，このとき海外資産のストックは増加する．B_t を債券と考えれば，輸入超過の外国は自国との輸出入の差を補うために外国債券で支払うということになる．輸入が輸出を上回る場合，$NX_t < 0$ となるが，これが可能であるためには自国は借入を行う必要がある．そのため，海外資産のストックは減少する．(14.2) 式は，時点 t において既存の外国債券のストック B_t から r_t の利子収入が生じていることを示している[1]．

14.1.3 為替レート

名目為替レート e は，自国通貨で測った外国通貨 1 単位あたりの価格を表す[2]．為替レートの上昇は，外国通貨高を意味する．これは，自国通貨安，あるいは減価（*depreciation*）と同意である．同様に，e の低下は特定の外貨と比較したとき，自国通貨が強くなっていること，つまり増価（*appreciation*）を意

---

[1] GDP と国際的な純要素支払 $Y_t + r_t B_t$ は，国民総所得（*gross national income*）を定義する．
[2] 執筆時点（2011 年 9 月）の US ドル（USD）とスウェーデン・クローナ（SEK）の取引レートは，およそ USD/SEK＝6.50 である．

味する．

　外国における一般物価水準を P^f，国内の一般物価水準を P とする．このとき，実質為替レートは以下のように定義される．

$$\epsilon = \frac{eP^f}{P}$$

　たとえば，スウェーデン・クローナとユーロを比較してみよう．名目為替レートはおよそ10（1ユーロ＝10クローナ），それに対して物価水準がユーロ圏において平均5％程度高いと仮定すると，実質為替レートは10×1.05＝10.5となる．

　実質為替レートが上昇，つまり減価すると，外国で生産された財やサービスは国内で生産されたものと比較して（自国通貨で評価した場合）より高価となる．つまり，自国の消費者は相対的に高価な外国財よりも比較的安価な国内財を選ぶであろう．これは，純輸出の増加を意味する．すなわち，自国からの輸出は増加し，輸入は減少する．この関係はMarshall-Lerner条件と呼ばれるより複雑な理論から導かれる結果である[3]．

14.2　代表的個人のフレームワーク

　ここまで，経常収支の水準やその変化等に関する国の選択については何も言及してこなかった．もし言及するのであれば，ミクロ（経済学）的な基礎付け，すなわち典型的な個人の選好に関して何らかの仮定を設定しなければならなくなる．

　そこで，代表的個人による効用関数の最大化という簡単な2期間モデルを考えてみよう．

---

[3] 正式には，Marshall-Lerner条件において，輸出と輸入の価格弾力性の和の絶対値が1より大きい場合，$\frac{\partial NX}{\partial \epsilon} > 0$ となる．

$$U = u(c_1) + \beta u(c_2)$$

ここで，$c_t \geq 0$ は個人消費である[4]．効用関数は通常の特性，$u'(c_t) > 0$，$u''(c_t) < 0$，$\beta \leq 1$ を有しているものとする．

経済全体では，経常収支は基本的な動学式，(14.2) 式にしたがう．投資方程式は $I_t = K_{t+1} - K_t$ で与えられ，ここで K_t は t 時点における資本ストックを表す．簡単化のため，資本の減価償却はゼロと仮定する．資本収支の式でもある (14.2) 式を書き換え，さらに投資 I_t を用いると，国内資産の変化は次式のように表すことができる．

$$\begin{aligned} B_{t+1} + K_{t+1} - (B_t + K_t) &= Y_t + r_t B_t - C_t - G_t \\ &= S_t \end{aligned} \tag{14.3}$$

ここで，S_t は国民総貯蓄，Y_t は総生産量，$r_t B_t$ は保有している外国資産の純収益，C_t は総消費，G_t は政府支出を表す．したがって，この経済の総貯蓄は国内資本か，あるいは外国の金融資産の蓄積のいずれかに対して使われることになる．

個人は，初期資本 $K_1 > 0$ を保有しているとしよう．将来の世代に何か残そうという選好を持たない利己的な個人からなる2期間モデルを設定し，$K_3 = 0$ と仮定する．ここで，$I_2 = K_3 - K_2 = -K_2$ である．さらに，$B_1 = B_3 = 0$ とする．これは，経済が外国資産を持たずにはじまり，また残さずに終わるということを意味する．簡単化のため，経済には1人（代表的個人）しか存在しないと仮定する．この場合，$c_t = C_t$ となる．生産は，$F'(K_t) > 0$ および $F''(K_t) < 0$ という性質を有する標準的な生産関数 $Y_t = F(K_t)$ にしたがって行われると仮定する．

経常収支の式，(14.2) 式と，いま述べた仮定は，

---

[4] 以下の説明は，Obstfeld and Rogoff (1999，第1章) と類似している．

14.2 代表的個人のフレームワーク

$$B_2 = Y_1 - C_1 - I_1 - G_1$$
$$= F(K_1) - C_1 - (K_2 - K_1) - G_1$$

のように表すことができる．$t=2$ の場合の（14.3）式に仮定したパラメータを代入すると，

$$B_3 + K_3 - B_2 - K_2 = -B_2 - K_2$$
$$= F(K_2) + r_2 B_2 - C_2 - G_2$$

が得られる．この式から，2期目の消費は，資本 K_2 あるいは資産 B_2 を売却するか，食い潰すか，によって賄われることがわかる．

これらの式から B_2 を消去して整理すると，代表的個人の異時点間予算制約式を得ることができる．

$$F(K_1) - C_1 - (K_2 - K_1) - G_1 = \frac{C_2 + G_2 - K_2 - F(K_2)}{(1+r_2)}$$

$$F(K_1) - G_1 + \frac{F(K_2) - G_2}{(1+r_2)} = C_1 + K_2 - K_1 + \frac{C_2 - K_2}{(1+r_2)}$$

この制約式を使うことによって，代表的主体についての Lagrange 最適化問題を設定することができる．

$$\Gamma = u(C_1) + \beta u(C_2) + \lambda \left(F(K_1) - G_1 + \frac{F(K_2) - G_2}{1+r_2} - C_1 - K_2 + K_1 + \frac{K_2 - C_2}{1+r_2} \right)$$

ここでは，効用を最大化する C_1, C_2, そして K_2 の水準を求める．

1階の条件は，それぞれ次式で与えられる．

$$\frac{\partial \Gamma}{\partial C_1} = u'(C_1^*) - \lambda = 0$$

$$\frac{\partial \Gamma}{\partial C_2} = \beta u'(C_2^*) - \frac{\lambda}{1+r_2} = 0$$

$$\frac{\partial \Gamma}{\partial K_2} = \lambda \left(\frac{F'(K_2^*)}{1+r_2} - 1 + \frac{1}{1+r_2} \right) = 0$$

最初の2つの条件式は,通常のEuler方程式 $u'(C_1^*) = \beta(1+r_2)u'(C_2^*)$ を得るために容易に結びつけることができる.最後の条件を並べかえると,$F'(K_2^*) = r_2$ という馴染みの条件式を導出することができる.すなわち,投資は資本の限界生産物が限界費用 r_2 と等しくなる点まで行われるということである.

1階の条件から明確な解を導き出すためには,さらなる簡単化が必要である.ここでは,$\beta(1+r_2) = 1$ と仮定する.これは,$C_1^* = C_2^* = C^*$ という消費の平準化を意味する.異時点間予算制約式にこれらの解を代入すると,次式が得られる.

$$C^* = \frac{(Y_1 + K_1 - G_1)(1+r_2) + F(K_2^*) - G_2 - r_2 K_2^*}{2+r_2}$$

上式から,最適消費は Y_1, K_1 とともに増加し,政府支出 G_1, G_2 によってクラウド・アウトされることがわかる.

最適消費経路を導出したので,第1期における最適な経常収支水準についても導出することができる.

$$\begin{aligned} NX_1^* &= B_2^* \\ &= Y_1 - C^* - I_1 - G_1 \\ &= Y_1 - \frac{(Y_1 + K_1 - G_1)(1+r_2) + F(K_2^*) - G_2 - r_2 K_2^*}{2+r_2} - (K_2^* - K_1) - G_1 \end{aligned}$$

(14.4)

ここでは，経常収支が赤字 $B_2<0$，またその国が第 1 期において国際市場で純貸し手であると想定されていることに留意してほしい．第 2 期において，その国は債務もしくは正の資産のいずれかの状態で終わる可能性を除外しているので，$NX_2^* = B_3 - B_2^* = -B_2^* = -NX_1^*$ となる．したがって，第 1 期に経常収支が黒字であると（$B_2^* > 0$），次の（したがって最後の）期の経常収支は同水準の赤字でなければならない．逆の場合は逆になる．これから分析するのは，経常収支の動学についてであって，最終期における経常収支の水準についてではない．

そもそも，資本 K_1 と所得 $Y_1 = F(K_1)$ の初期水準が高いと経常収支は黒字（$B_2 > 0$）である可能性が高い．NX_1^* を K_1 で偏微分すれば，$\frac{\partial NX_1^*}{\partial K_1} = \frac{F'(K_1)+1}{2+r_2} > 0$ が得られるが，これは明らかに正である．したがって，初期資本に富む国々は，おそらく第 1 期において経常収支の黒字を「選択（choose）」するであろう．つまり，輸入よりも多く輸出する可能性があるということである．国民貯蓄の余剰からわかることは，消費の恒常所得モデルから得られる示唆とほぼ同じである．つまり，個人は消費を平準化しようとするため，所得が多ければ貯蓄を行い，所得が少ない時には貯蓄を使い果たすということである．

政府支出 G_1, G_2 についてはどうであろうか．まず，$G_1 = G_2 = \bar{G}$ のとき，$\frac{\partial NX_1^*}{\partial \bar{G}} = 0$ であることに注意しよう．その理由は，$\bar{G}$ が増加すると，まったく同じ量だけ C^* が減少するからである．つまり，(14.4) 式において 2 つの効果は互いに相殺し合うことになる．しかし，たとえば政府が G_1 を一定に保ちながら，G_2 のみを減少させるということがわかっているならば，微分は正，$\frac{\partial NX_1^*}{\partial G_2} = \frac{1}{2+r_2} > 0$ となる．すなわち，G_2 が減少すると，第 1 期の経常収支は赤字となる．他の全ての変数を一定として，G_2 のみが減少したとすると，最適消費水準 C^* は上昇することになる．

14.3 Mundell-Fleming モデル

開放経済の問題はまた，ミクロ（経済学）的な基礎づけを欠いた Keynes 型モデルによって，しばしば分析される．経済学者 Robert Mundell と Marcus

Fleming にちなむ Mundell-Fleming モデルでは，標準的な IS-LM モデルに国際収支式が導入されている．国際収支の一部である経常収支，もしくは純輸出は次式のような関数で表わされる．

$$X - M = NX(\epsilon, Y, Y^f)$$

ここで，ϵ は実質為替レート，Y は自国の所得，Y^f は外国の所得を表す[5]．既に述べたように，NX は ϵ とともに増大する．それは，ϵ が上昇すると外国財が相対的に高価となるため，輸出を押し上げるからである．しかし，NX は国内の所得が増加すると減少する．それは，所得水準が上昇すると人々は輸入品に対してもより多く支出するようになるからである．同様に，外国の所得水準が上昇すると，自国財に対する外国からの需要が高まるため輸出が増加する．その結果，NX は増加する．

開放経済を想定すると，IS 式の計画支出の性質が変化する．財市場の均衡条件は次式で与えられる．

$$Y = E(Y, r, G, \epsilon, Y^f)$$

ϵ と Y^f は経常収支に影響を与えるため，均衡条件式にも ϵ と Y^f が含まれる．国民所得 Y は消費の増加による正の効果と，輸入の影響による負の効果の両方の影響を受けるため，IS 曲線の傾きは開放経済の場合より緩やかになる．

今度は MP 曲線ではなく，伝統的な LM 曲線（*LM curve*）で考えてみよう．MP 曲線の場合は，金融政策ルール $r(Y, \pi)$ が含まれているため，中央銀行はそのルールに従って利子率を所得水準やインフレ率の変化に対応させることになる．しかし，ここでは単純に次式を仮定して議論する．

---

[5] 世界が 2 つの国だけで構成されていると想定すれば都合が良い．

$$\frac{M}{P}=L(r,Y)$$

以下で示されるように，r は国際収支の状況によって反応する．金融政策は，実質貨幣供給量 $\frac{M}{P}$ を変化させるものとして登場する．このモデルでは特にインフレ率に対して関心を向けているのではなく，しかも簡単化のため $\pi^e=0$ と仮定しているので，名目利子率 $i=r+\pi^e$ は実質利子率と一致する．すなわち，$i=r$ である．この節全体を通して，一般物価水準 P は短期的に硬直的であると仮定する．

これまでと同様，$L_r<0$，$L_Y>0$ を想定する．Y が増加すると貨幣需要が増加する．貨幣市場の均衡を維持するためには，r が上昇して貨幣需要を $\frac{M}{P}$ に等しい水準まで低下させなければならない．こうしたことから，LM 曲線には r と Y との間に正の関係性が特徴として表れる．

国際収支の式は，経常収支と資本収支の和で与えられる．資本収支の水準 CA は，主に自国と外国との間の実質金利の差，すなわち $r-r^f$ に依存する．名目金利の差がいかに重要であるかについては，2 つの見方がある．1 つは，国家間で資本移動が完全 (*perfect capital mobility*) であるというもので，この場合，金利差はゼロ，すなわち $r=r^f$ となる．国際資本市場における規制が原因となって資本移動が不完全 (*imperfect capital mobility*) な場合には，r と r^f は必ずしも一致しない．このとき，資本収支は概して実質利子率の差の関数 $CA(r-r^f)$ となる．

$$\frac{dCA(r-r^f)}{d(r-r^f)}=CA_{r-r^f}>0$$

この式は，国内利子率 r の方が外国の利子率 r^f よりも高いとき，資本はその国に流入してくることを示唆している．

経常収支と資本収支の式を合わせると，国際収支曲線（BOP）を定義することができる．

$$NX(\epsilon, Y, Y^f) + CA(r - r^f) = 0$$

資本移動が完全な場合，BOP 曲線は $r = r^f$ の水準で水平となるだろう．資本移動が不完全な場合には BOP 曲線は右上がりとなる．その理由は，Y が増加する状況を考えればわかる．すなわち，Y が増加すると輸入が増加する．輸入が増加すると NX は減少する．国際収支均衡をゼロの水準で維持するためには，資本収支の増加によって相殺されなければならない．これは，国内利子率 r の上昇によってのみ達成される．利子率が上昇すると，経常収支の赤字を賄うだけの資本が国内へ流入してくる．これが，r と Y との間に正の相関が生じるもう1つの理由である．

さて，以上で3本の曲線が揃った．すなわち，IS 曲線（純輸出を含む），LM 曲線，そして国際収支曲線（BOP）である．これらの曲線は，開放経済における財政・金融政策の効果を理解する上で，柔軟，かつ有用な枠組みを提供する．

この3本の曲線を用いると，多くの異なった状況を分析することができる．たとえば，完全資本移動，固定為替相場，拡張的金融政策というケースについて考えてみよう（**図14.1**）．当初，経済は全ての曲線が交わる均衡状態にあったとする．名目貨幣ストック（物価は一定とする）が増加すると，LM 曲線は下方へシフトする．これによって実質利子率は国際的な水準 r^f 以下に低下する．その結果，人々は外国債券を購入したいと考えるため，それに伴って大規模な資本流出が生じる．為替レートは固定相場を仮定しているため，中央銀行は為替レートを一定の水準に維持するために国内通貨を購入しなければならない．このため名目貨幣供給量は減少し，LM 曲線は元の位置 Y_0 へと戻ることになる．言い換えれば，完全資本移動および固定為替相場制度の下では，金融政策は無効となる．

次に，不完全資本移動，固定為替相場，拡張的財政政策という全く別のケースについて考えてみよう．この場合，**図14.2** で示されるように，国際収支曲線は右上がりとなる．拡張的な財政政策（G の増加）によって，IS 曲線は右方へシフトする．これにより利子率は上昇する．利子率が上昇すると今度は大

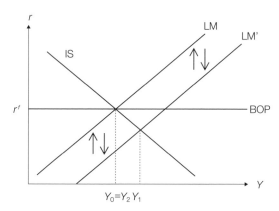

図14.1 固定為替レートおよび完全資本移動の下での拡張的金融政策

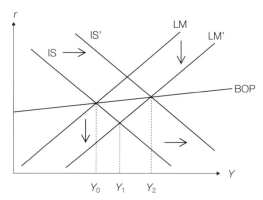

図14.2 固定為替レートおよび不完全資本移動の下での拡張的財政政策

規模な資本流入が引き起こされる．つまり，外国人が国内の国債を購入するようになる．その結果，為替レートは上昇圧力を受ける（ϵ は下落）．固定為替レートを維持するためには，中央銀行は貨幣供給量を増加させなければならず，それによってLM曲線は下方へシフトする．図に示されているように，最終的に所得水準は Y_0 から Y_2 へと上昇する．したがって，このような制度

の下では財政政策は比較的有効であると言える．しかし，資本移動が完全であれば効果はもっと大きいであろう．

14.4 為替レートのオーバーシューティング

上記の Mundell-Fleming モデルでは，価格は短期的には調整されず，また為替レートの変動に対する期待も考慮されていない．

Dornbusch（1976）は，変動為替相場制度の下で期待を考慮すると，為替レートの調整にオーバーシューティング（*overshooting*）が引き起こされる可能性があることを示した．

モデルには2つの重要な前提が置かれている．1つは，自国と外国との間で実質利子率が異なるという前提である．これは次式のように表される．

$$r_t = r^f + E_t(e_{t+1} - e_t) \tag{14.5}$$

t 期における国内の名目利子率は，外国の利子率 r^f に $t+1$ 期と t 期との間の為替レートの期待変化を加えたものに等しくなる．たとえば，$r_t > r^f$ が観察されたとすると，自国通貨は減価が予想され，$E_t(e_{t+1} - e_t) > 0$ となると予想される[6]．(14.5) 式は，投資家が自国通貨に投資しても外国通貨に投資してもどちらも無差別であるような場合に成立する等式である．これは，しばしばカバー無し金利平価（*uncovered interest rate parity*）と呼ばれる．

もう1つの基本的前提は，次式が貨幣市場の均衡を表す標準的な式であるというものである．

$$\frac{M}{P} = L(r_t, Y_t)$$

たいていの Keynes モデルと同様，物価水準 P はゆっくりとしか調整されな

---

[6] 弱い通貨の国は，一般的に名目金利が高い．ここでは，国際金利 r^f は時間を通じて一定であると仮定される．

いと仮定される．

このモデルの意味を理解するために，t 期に中央銀行が名目貨幣供給量 M を増加させたというケースについて考えてみよう．物価は短期的に一定であるとすると，金融緩和政策により実質貨幣供給量は増加する．貨幣市場の均衡を短期的に回復させる唯一の方法は，実質金利 r_t を引き下げることである．これによって，貨幣需要は増加する．

当初，2国間で利子率の差は無いものと仮定する．名目貨幣供給量の増加は，2つの効果を持つ．(14.5) 式によれば，自国の利子率が相対的に低いということは，$E_t(e_{t+1}-e_t)<0$ であることを意味する．すなわち，自国通貨は増価すると期待される．

しかし，図 14.1 の Mundell-Fleming モデルによれば，拡張的な金融政策は国内利子率を低下させるため資本流出を引き起こし，長期的には通貨の減価を招くことになる．2つの市場の均衡を回復させる唯一の方法は，為替レートを最初に長期的な均衡値以上に減価させるということである．これによって，為替レートは時間をかけて上昇していくことができ，それゆえカバー無し金利平価条件を最終的に満たすことができるようになる．そのため，為替レートは長期均衡値を超えてオーバーシュートし，その後徐々に増価していくことになる．

一般物価水準が硬直的であるとき，こうした一連のプロセスが生じることに注意を払っておくことは重要である．物価は貨幣供給の増加に対してすぐに調整されるわけではないのである．

14.5 通貨統合

世界には多くの通貨がある．ユーロのように最近登場した通貨もあれば，長い歴史をもつ通貨もある．国境は常に通貨にとって自然な境界となるのであろうか．新しく誕生したユーロ圏には，17 もの国が含まれている．そのため，この質問には否と答えなければならない．それでは一体，バランスのとれた通貨圏の決定要因というのは何なのだろうか．もし，世界全体が同一通貨であったとしたら，それは最適と言えるのだろうか．

Mundell は初期の有名な論文の中で，通貨統合が成功するために必要な基準について言及している．

- 労働移動と統合された労働市場（Labor mobility and an integrated labor market）．
  このような市場でなければ，労働者は不景気の地域にも残されるだろうし，逆に市場が拡大している地域では労働力の不足が成長の抑制要因となってしまうだろう．

- 資本移動（capital mobility），物価（price）と賃金の伸縮性（wage flexibility）．

- 共通のリスク分散メカニズム（common risk sharing mechanism）．
  景気が低迷している地域はより豊かな地域から支えられることになる．これは，たとえば，税の所得再分配のような形をとる．

- 地域間で類似した景気循環（similar business cycle）．
  ある地域だけが他の多くの地域と比較して非常に非対称的な循環をしている場合，それが景気の低迷している地域であるとすると，通貨価値の減価によって恩恵をうけることになる．しかし，共通通貨であればそうしたことは一切起こらない．

近年，この分野の多くの文献がユーロ圏の出来事に対して関心を向けている．ギリシャのような国々は，Mundell の必要要件にまったくと言っていいほど当てはまらないということが，2010年の出来事は物語っているように思える．一般的に，ヨーロッパの資本移動はかなり良好であるが，労働移動は依然として不十分である．共通のリスク分散メカニズムはできるかもしれないが，ユーロ圏の国々が対称的なショックに直面しているかどうかは疑わしい．上記のような経済的基準は別として，なぜ国家が通貨同盟を選択するのかについては，政治的な理由があると思われる．

第15章 数学付録

15.1 はじめに

本書を読み込むには，微分の演算に多少なりとも馴染んでいることが必要であろう．本書の分析は1変数関数には限定されていないが，本章では1変数関数に限定した上で以下の概念について説明する．

- いくつかの基本的な関数の導関数
- 微分の法則
- チェーン・ルールによる微分
- 陰関数の微分
- マクロ経済学への応用

この数学付録で取り上げられている内容は標準的である．より詳細な説明が必要な場合は，微分の初級テキストを参照されたい．

15.2 いくつかの基本的な関数の導関数

ある実数値関数 $f(x)$ を考えよう．ここで，$x \in \mathbb{R}$ である．ある点 x_0 で評価した関数 f の導関数を，$f'(x_0)$ あるいは $\left.\dfrac{df(x)}{dx}\right|_{x=x_0}$ と表すと，それは x_0 からの微小変化分に対する関数 f の変化分の比に等しい．

$$f'(x_0) = \lim_{x \to x_0} \frac{f(x) - f(x_0)}{x - x_0} \tag{15.1}$$

この極限が存在するとき，関数 f は x_0 で微分可能（*differentiable*）であるといわれる．

ところが，常に（15.1）式を用いて極限を求めることは煩わしい場合が多い．そのため，実際は導関数の定義通りに計算しなくても，それを行うことができる法則が多く存在する．

定数関数（*Constant function*）： $f(x)=c$

定数関数の導関数は，以下で与えられる．

$$f'(x)=0 \quad \forall\, x \in \mathbb{R} \tag{15.2}$$

恒等関数（*Identity function*）： $f(x)=x$

$$f'(x)=1 \quad \forall\, x \in \mathbb{R} \tag{15.3}$$

べき（*Power*）関数： $f(x)=x^n$

原則として，指数は任意の定数 n である．べき関数の導関数は，次式で与えられる．

$$f'(x)=nx^{n-1} \quad \forall\, x \in \mathbb{R} \tag{15.4}$$

恒等関数は指数が $n=1$ の場合の特殊ケースである．上記の法則を確かめるために，（15.4）式に $n=1$ を代入してみよう．すると，$f'(x)=x^0=1$ が得られる．

指数関数（*Exponential function*）： $f(x)=e^x$

指数関数は微積分学において恐らく最も重要な関数である．指数関数の底は無理数の $e \approx 2.7$ である．この関数は，微分しても変化しないという，非常に興味深い性質を持っている[1]．

$$f'(x) = e^x \quad \forall\ x \in \mathbb{R} \tag{15.5}$$

対数関数（*Logarithmic function*）： $f(x) = \ln x$

　自然対数 $\ln$ は，指数関数の逆関数である．すなわち，もし任意の実数 $x \in \mathbb{R}$ に対し y の値が $y = e^x$ によって定まるならば，y における対数関数の値 （$\ln y = x$）から x を求めることができる．ただし，対数関数の定義域は正の実数全体であることに注意せよ．対数関数の導関数は，次式で与えられる．

$$f'(x) = \frac{1}{x} \quad \forall\ x > 0 \tag{15.6}$$

15.3　微分の法則（*Differentiation rules*）

　一般に関数は複雑な構造を持つ場合が多く，導関数を求めることは面倒である．そこで，微分を簡単にするために，当初の関数を扱いやすいより小さな部分へと分割していくという方法がある．それらの方法についていくつか見ていくことにしよう．

15.3.1　関数の和（*Sum of functions*）

　2つの関数 $f_1(x)$ と $f_2(x)$ を考える．関数 $f(x) = f_1(x) + f_2(x)$ の導関数は，次式で与えられる．

$$f'(x) = f_1'(x) + f_2'(x) \tag{15.7}$$

　この法則は，任意の有限な数の関数の和に一般化することができる．たとえば，次のような関数，$f(x) = x^2 + e^x$ を考えてみよう．この関数は明らかに 2

---

[1] 実際，指数関数の属 $f(x) = ce^x$，$c \in \mathbb{R}$ のすべてがこの性質を有している．

つの関数，$f_1(x)=x^2$ と $f_2(x)=e^x$ の和である．f_1 と f_2 の両方の導関数を求めることはやさしい．関数 f の導関数を求めると，$f'(x)=2x+e^x$ となる．

15.3.2　スカラー積（Multiplication with a scalar）

ある関数 g を用いて，関数 f を $f(x)=cg(x)$ のように定義する．ここで $c\in\mathbb{R}$ である．関数 f の導関数は次式で与えられる．

$$f'(x)=cg'(x) \qquad \forall\, x\in\mathbb{R} \tag{15.8}$$

例として，関数 $f(x)=4x^3$ を考えてみよう．ここで，$f'(x)=4\cdot 3x^{3-1}=12x^2$ であることはすぐにわかるであろう．$c=-1$ とおき，2 つの法則（関数の和の法則とスカラー積の法則）を組み合わせると，関数の差 $f=f_1-f_2$ に対する法則，すなわち $f'(x)=f_1'(x)-f_2'(x)$ を導くことができる．

15.3.3　関数の積（Product of functions）

2 つの関数 $f_1(x)$ と $f_2(x)$ について，$f(x)=f_1(x)f_2(x)$ の導関数は，次式で与えられる．

$$f'(x)=f_1'(x)f_2(x)+f_1(x)f_2'(x) \tag{15.9}$$

例として，関数 $f(x)=xe^x$ を考えてみよう．関数 f の導関数は，次式で与えられる．

$$\begin{aligned}f'(x)&=(x)'e^x+x(e^x)'\\&=e^x+xe^x\end{aligned}$$

15.3.4　関数の商（Division of functions）

2 つの関数 $f_1(x)$ と $f_2(x)$ について，$f(x)=\dfrac{f_1(x)}{f_2(x)}$ の導関数は次式で与えられる．

$$f'(x) = \frac{f_1'(x)f_2(x) - f_1(x)f_2'(x)}{[f_2(x)]^2}$$
$$= \frac{f_1'(x)}{f_2(x)} - \frac{f_1(x)f_2'(x)}{[f_2(x)]^2} \tag{15.10}$$

この関数は，f_2 が 0 でない x に対してのみ定義される．そうでなければ，そもそも割り算は定義できないからである．そのような関数の例として，$x \neq 1$ を定義域とする関数 $f(x) = \dfrac{x^2+1}{x-1}$ を考えてみよう．$f(x)$ の導関数は，

$$f'(x) = \frac{2x(x-1) - (x^2+1)}{(x-1)^2}$$
$$= \frac{x^2 - 2x - 1}{x^2 - 2x + 1}$$

と求めることができる．

15.4　チェーン・ルールによる微分（*Chain differentiation*）

　前節で示された法則は全て，いくつかの簡単な関数に分割できる場合に限定されていた．しかし，これらがすべてのケースであるわけではない．例として，関数 $h(x) = e^{x^2+1}$ を考えてみよう．この関数は，h が x の関数である他の関数 g の関数になっているという意味で合成関数と呼ばれる．つまり，$g(x) = x^2 + 1$, $f(y) = e^y$ とおいたとき，y の中に $g(x)$ を代入すると，$h(x) = f(g(x)) = e^{g(x)}$ となる．g は x に依存し，f は g に依存しているため，結局 f は x に依存していると考えることができる．

　形式的には，2 つの関数 $g(x)$ と $f(g(x))$ を考えると，合成関数（*compound function*）は次式のように定義することができる．

$$h(x) = f(g(x)) \tag{15.11}$$

では，xに関して$h(x)$をどのように微分したらよいだろうか．直感的には，xの微小な変化に対してhがどれくらい変化するかを見てやればよい．xが微小に変化すると，それにgの導関数を乗じた分だけ$g(x)$は変化する．$g(x)$が変化するとgに依存するfも変化する．したがって，xが微小に変化すると反応が連鎖して引き起こされるわけである．中間に介在する関数の効果を通じてfが変化する．この変化の大きさは，gの変化の大きさとgがfに及ぼす変化の大きさの積に等しい．

$$\begin{aligned} h'(x) &= \frac{df(g(x))}{dx} \\ &= \frac{df(g(x))}{dg(x)} \frac{dg(x)}{dx} \\ &= f'(g(x))g'(x) \end{aligned} \tag{15.12}$$

例として，$h(x) = e^{x^2+1}$を考えると，導関数は，$h'(x) = 2xe^{x^2+1}$となる．

15.5 陰関数の微分 (*Implicit function differentiation*)

ある関数$f(x)$を考える．ただし，具体的な関数形は明示されていないと仮定する．つまり，利用可能な情報は，$[f(x)]^2 + f(x) - x + 1 = 0$ という関数関係のみである．この方程式を$f(x)$について解いて，それからxについて微分するということは簡単ではない．そのため，チェーン・ルール (*chain rule*) の方法を用いて方程式の両辺の微分をとることにする．すると，$2f(x)f'(x) + f'(x) - 1 = 0$ が得られるが，この式は$f'(x)$の一次方程式である．最終的に，$f'(x) = \dfrac{1}{2f(x)+1}$が得られる．

15.6 マクロ経済学への応用

マクロ経済学は，経済変数間の量的な関係やそれらの変数の時間を通じた変化について研究する学問である．そうした理由から，もっぱら成長率に関心の目が向けられる．

15.6.1 乗法的関係にある関数の成長率

以下のような形の関数をしばしば見かける．

$$Y(t) = X(t) Z(t)$$

$Y(t)$ の成長率を求めるには，積のルールとチェーン・ルールを用いればよい．

$$\begin{aligned}
\frac{dY(t)}{dt} \frac{1}{Y(t)} &= \frac{\dot{Y}(t)}{Y(t)} \\
&= \frac{\dot{X}(t) Z(t) + X(t) \dot{Z}(t)}{Y(t)} \\
&= \frac{\dot{X}(t) Z(t) + X(t) \dot{Z}(t)}{X(t) Z(t)} \\
&= \frac{\dot{X}(t)}{X(t)} + \frac{\dot{Z}(t)}{Z(t)}
\end{aligned}$$

15.6.2 対数関数の微分としての成長率

所得の成長率やインフレ率といった経済変量は，相対的な変化という概念を具体的に表現している．離散時間で考えた場合には，これらの量はたいてい百分率で表現されるが，時間が連続的に流れていると捉えた場合には極限を考えて，そしてほんの僅かな時間が経過したときの相対的な変化について検討しなければならなくなる．

たとえば，ある変数 $X(t)$ が時間の関数であるとしよう．瞬間的に変化する相対的な変化は時間に対する変数 X の成長率として表すことができる．時間 t で微分した変数 X を $\dot{X}(t)$ と表記すると，関数の瞬間成長率は $\dfrac{\dot{X}(t)}{X(t)}$ と表すことができる[2]．

対数関数（*logarithmic function*）の微分が $\dfrac{d(\ln X)}{dX}=\dfrac{1}{X}$ と与えられたことを思い出してほしい．$\ln X(t)$ を時間 t で微分するときにチェーン・ルールを用いると，次式が得られる．

$$\frac{d \ln X(t)}{dt}=\frac{1}{X(t)}\frac{dX(t)}{dt} \tag{15.13}$$

通常，(15.13) 式は次式のように書き換えられる．

$$\frac{d \ln X(t)}{dt}=\frac{\dot{X}(t)}{X(t)} \tag{15.14}$$

(15.14) 式をみると，$X(t)$ の成長率は対数関数の微分そのものであることがわかる．

15.7 指数および対数の基本的な性質

15.7.1 指　数（*Exponents*）

1．$x^0=1, \quad x\neq 0$
2．$x^1=x$
3．$x^n x^m=x^{n+m}$
4．$\dfrac{x^n}{x^m}=x^{n-m}, \quad x\neq 0$
5．$(x^n)^m=x^{nm}$
6．$(xy)^n=x^n y^n$

---

[2] マクロ経済学では，こうした表記法がしばしば用いられる．

7. $\dfrac{x^n}{y^n} = \left(\dfrac{x}{y}\right)^n$, $\quad y \neq 0$

15.7.2 対　数 (*Logarithms*)

1. $\ln 1 = 0$
2. $\ln e = 1$
3. $\ln x + \ln y = \ln(x\,y)$, $\quad x>0$, $\quad y>0$
4. $\ln x - \ln y = \ln\left(\dfrac{x}{y}\right)$, $\quad x>0$, $\quad y>0$
5. $\ln(x^c) = c \ln x$, $\quad x>0$
6. $x = e^{\ln x}$, $\quad x>0$

参考文献

Acemoglu, D. and D. Autor (2009) Lectures in labor economics. Unpublished teaching material, http://econ-www.mit.edu/faculty/acemoglu/courses, accessed May 10, 2011.

Acemoglu, D., P. Aghion, and F. Zilibotti (2003) Vertical integration and distance to frontier. *Journal of the European Economic Association*, 1(2-3), 630-638.

Acemoglu, D., S. Johnson, and J. Robinson (2005) The rise of Europe: Atlantic trade, institutional change, and economic growth. *American Economic Review*, 95(3), 546-579.

Aghion, P. and P. Howitt (1992) A model of growth through creative destruction. *Econometrica*, 60(March), 323-406.

Alesina, A. and A. Stella (2010) The politics of monetary policy. NBER Working Paper 15856, NBER.

Alesina, R. and G. Tabellini (1990) A positive theory of fiscal deficits and government debt. *Review of Economic Studies*, 57, 403-414.

Ashraf, Q. and O. Galor (2010) Dynamics and stagnation in the Malthusian epoch. *American Economic Review*, forthcoming.

Attanasio, O. (1998) Consumption demand. NBER Working Paper 6466, NBER.

Barro, R.J. (1974) Are government bonds net wealth? *Journal of Political Economy*, 82 (November), 1095-1117.

Barro, R.J. (1979) On the determination of the public debt. *Journal of Political Economy*, 87 (October), 940-971.

Barro, R. J. (1989) The Ricardian approach to budget deficits. *Journal of Economic Perspectives*, 3(2), 37-54.

Barro, R.J. and X. Sala-i-Martin (2004) *Economic Growth*, 2nd edition. Cambridge, MA: MIT Press.（『内生的経済成長論 I・II（第2版）』 大住圭介 訳 九州大学出版会 2006年）

Becker, G. and H.G. Lewis (1973) On the interaction between the quantity and quality of children. *Journal of Political Economy*, 81(2), 279-288.

Besley, T. and T. Persson (2010) State capacity, conflict, and economic development. *Econometrica*, 78(1), 1-34.

Blanchard, O. (1985) Debt, deficits, and finite horizons. *Journal of Political Economy*, 93(2), 223-247.

Bowman, D., D. Minehart, and M. Rabin (1999) Loss aversion in a consumption-savings model. *Journal of Economic Behavior and Organization*, 38, 155-178.

Branson, W.H. (1989) *Macroeconomic Theory and Policy*, 3rd edition. New York: Harper & Row.（『マクロ経済学 —理論と政策— 上・下（第2版）』 嘉治元郎 今野秀洋 訳 マグロウヒル好学社 1982年）

Caballero, R. (1997) Aggregate investment. NBER Working Paper 6264, NBER.

Chang, R. and A. Velasco (2001) A model of financial crises in emerging markets. *Quarterly Journal of Economics*, 116(2), 489-517.

Clark, G. (2007) *A Farewell to Alms*. Princeton, NJ：Princeton University Press.（『10万年の世界経済史　上・下』　久保恵美子　訳　日経BP社　2009年）

Diamond, D.W. and P.H. Dybwig (1983) Bank runs, deposit insurance, and liquidity. *Journal of Political Economy*, 91(3), 401-419.

Diamond, J. (1997) *Guns, Germs and Steel: The Fates of Human Societies*. New York：Norton.（『銃・病原菌・鉄　上・下』　倉骨彰　訳　草思社　2000年）

Diamond, P. (1965) National debt in a neoclassical growth model. *American Economic Review*, 55(5), 1126-1150.

Diamond, P. (1982) Aggregate demand management in search equilibrium. *Journal of Political Economy*, 90(5), 881-894.

Dornbusch, R. (1976) Expectations and exchange rate dynamics. *Journal of Political Economy*, 84(6), 1161.

Duesenberry, J. (1952) *Income, Saving, and the Theory of Consumer Behavior*. Cambridge, MA：Harvard University Press.（『所得・貯蓄・消費者行為の理論』（現代経済学選書）大熊一郎　訳　巌松堂出版　1969年）

Frederick, S., G. Loewenstein, and T. O'Donoghue (2002) Time discounting and time preference：A critical review. *Journal of Economic Literature*, 40, 351-401.

Friedman, M. (1957) *A Theory of the Consumption Function*. Princeton, NJ：Princeton University Press.（『消費の経済理論』（現代経済学選書）　宮川公男，今井賢一　訳　巌松堂出版　1961年）

Friedman, M. (1968) The role of monetary policy. *American Economic Review*, 58(March), 1-17.

Gali, J. and M. Gertler (2007) Macroeconomic modeling for monetary policy evaluation. *Journal of Economic Perspectives*, 21(4), 25-46.

Galor, O. and D. Weil (2000) Population, technology and growth：From the Malthusian regime to the demographic transition. *American Economic Review*, 110, 806-828.

Hall, R.E. (1978) Stochastic implications of the life cycle-permanent income hypothesis. *Journal of Political Economy*, 86(6), 971-987.

Hibbs, D.A. (1977) Political parties and macroeconomic policy. *American Political Science Review*, 71(4), 1467-1487.

Jones, C.I. (1995) R & D-based models of endogenous growth. *Journal of Political Economy*, 103 (August), 759-784.

Krugman, P. (1988) Financing vs forgiving a debt overhang. *Journal of Development Economics*, 29. 253-268.

Kydland, F. and E. Prescott (1977) Rules rather than discretion：The inconsistency of optimal plans. *Journal of Political Economy*, 85(June), 473-492.

Kydland, F. and E. Prescott (1982) Time to build and aggregate fluctuations. *Econometrica*, 50, 1345-1370.

Laibson, D. (1997) Golden eggs and hyperbolic discounting. *Quarterly Journal of Economics*, 112(2), 443-477.

Lindbeck, A. and D. Snower (1986) Wage setting, unemployment, and insider-outsider relations. *American Economic Review*, 76(2), 235-239.

Long, J.B. and C.I. Plosser (1983) Real business cycles. *Journal of Political Economy*, 91, 39-69.

Lucas, R.E. (1972) Expectations and the neutrality of money. *Journal of Economic Theory*, 4(April), 103-124.

Lucas, R.E. (1973) Some international evidence of output-inflation tradeoffs. *American Economic Review*, 63(3), 326-334.

Malthus, T. (1798) *An Essay on the Principle of Population*. London. (『初版 人口の原理』高野岩三郎，大内兵衛 訳 岩波書店 改版 1997 年)

Mankiw, G. (1985) Small menu costs and large business cycles : A macroeconomic model of monopoly. *Quarterly Journal of Economics*, 100(May), 529-539.

Mankiw, G., D. Romer, and D. Weil (1992) A contribution to the empirics of economic growth. *Quarterly Journal of Economics*, 107(2), 407-437.

Mortensen, D. and C. Pissarides (1994) Job creation and job destruction in the theory of unemployment. *Review of Economic Studies*, 61(3), 397-415.

Mundell, R. (1961) A theory of optimum currency areas. *American Economic Review*, 51(4), 657-665.

Obstfeld, M. and K. Rogoff (1999) *Foundations of International Macroeconomics*, Cambridge, MA : MIT Press.

Olsson, O. and D.A. Hibbs (2005) Biogeography and long-run economic development. *European Economic Review*, 49(4), 909-938.

Phelps, A.W. (1968) Money-wage dynamics and labor market equilibrium. *Journal of Political Economy*, 76(July), 678-711.

Phillips, A.W. (1958) The relationship between unemployment and the rate of change of money wages in the united kingdom, 1861-1957. *Economica*, 25(November), 283-299.

Ramsey, F. (1928) A mathematical theory of saving. *Economic Journal*, 38(152), 543-559.

Rebelo, S. (1991) Long-run policy analysis and long-run growth. *Journal of Political Economy*, 96(June), 500-521.

Rebelo, S. (2005) Real business cycle models : Past, present, and future. NBER Working Paper 11401, NBER.

Reinhart, C. and K.S. Rogoff (2009a) The aftermath of financial crises. *American Economic Review : Papers and Proceedings*, 99(2), 466-472.

Reinhart, C. and K.S. Rogoff (2009b) *This Time Is Different ? Eight Centuries of Financial Folly*. Princeton, NJ : Princeton University Press. (『国家は破綻する』 村井章子 訳 日経BP社 2011 年)

Rogoff, K. and A. Sibert (1985) The optimal degree of commitment to an intermediate monetary target. *Quarterly Journal of Economics*, 100(4), 1169-1189.

Romer, D. (1993) The new Keynesian synthesis. *Journal of Economic Perspectives*, 7(1), 5-22.

Romer, D. (2005) *Advanced Macroeconomics*. Boston : McGraw-Hill. (『上級マクロ経済学（原著第3版）』 堀雅博，岩成博夫，南條隆 訳 日本評論社 2010 年）

Romer, P. (1986) Increasing returns and long-run growth. *Journal of Political Economy*, 94 (October), 1002-1037.

Romer, P. (1990) Endogenous technological change. *Journal of Political Economy*, 98 (October), S71-S102.

Romer, P. (1994) The origins of endogenous growth. *Journal of Economic Perspectives*, 8 (Winter), 3-22.

Schumpeter, J. (1934) *The Theory of Economic Development* (translated from the German version published in 1912). New York : Oxford University Press. (『経済発展の理論 上・下』 塩野谷祐一，東畑精一，中山伊知郎 訳 岩波書店 1977 年）

Shapiro, C. and J.E. Stiglitz (1984) Equilibrium unemployment as a worker discipline device. *American Economic Review*, 74(3), 433-444.

Solow, R. (1956) A contribution to the theory of economic growth. *Quarterly Journal of Economics*, 70(February), 65-94.

Sørensen, P.B. and H.J. Whitta-Jakobsen (2005) *Introducing Advanced Macroeconomics : Growth and Business Cycles*. Maidenhead : McGraw-Hill.

Taylor, J. B. (1993) Discretion versus policy rules in practice. *Carnegie-Rochester Conference Series on Public Policy*, 39, 195-214.

Woodford, M. (2010) Financial intermediation and macroeconomic analysis. *Journal of Economic Perspectives*, 24(4), 21-44.

訳者あとがき

「マクロ経済学」(和書)には，初級，中級，そして上級へと段階的に読んでいける Text が揃っていないという難点がある．そのため，大学教育(とくに日本の大学)において，「マクロ経済学」は講義ノートを自分で作成しない限り，ほとんど初級レベルか，あるいは多少数式が混じっていても文章で説明していく中級レベルの入り口程度で終わってしまうことが多い．その点，「ミクロ経済学」や「計量経済学」は段階的に学べる Text が充実しており，学部教育においても，意志さえあれば，かなりのレベルまで到達することができる．私自身，長い間，「マクロ経済学」のそうした状況にもどかしさを感じ，中級書，上級書の Text の充実を願ってきた一人である．

一方，研究論文は，いわゆる"エレガント"に書かれていて，とかく読みにくい．数式を丹念に追うことによって，理論(概念)の全貌が浮かび上がり，議論にも深まりが出てくるのであるが，数学的なトレーニングを重ねた大学院生や研究者であっても，分野が少し異なるだけで論文を読み通すのにかなりの時間と労力が必要となる．それだけ経済学も学問的に細分化されてきたということなのだろう．論文は，"エレガント"でなくても，また冗長であっても，もう少し丁寧に読みやすく書かれていれば……，という声をしばしば耳にする．数式の展開においてもどの途中式を明示するかは概ね執筆者に委ねられているのだが，変形のカギとなる段階がしっかりと明示されていれば，もう少し読みやすくなるのかもしれない．研究と教育という2つの場に身を置くわれわれのような大学教員はそうした声を耳にする機会が多い．これは，日本でも海外でも変わらない．

論文は書かれることに意味があるのはもちろんであるが，より多くの人たちに読まれるということもまた大事なことであろう．大学院時代に様々な先生方から指導を受けて以来，私も"エレガント"さはないけれども，その代わり段階的に1歩ずつ登り，広がっていけるような，いわゆる"教育志向的"

なスタイルの論文や著書（共著）を幾つか書いてきた．このたび翻訳することになった本書においても，そうした考え方やスタイルが随所にみられる．この点が本書を翻訳しようと思った最大の理由である．欲を言えば，訳者補注などを設けて，議論をより噛み砕いて説明したり，数式の途中段階（添え字の意味も含めて）をより詳細に展開したりもしたかったが，翻訳書という性格からそれは叶わなかった．この点は，今後の課題にしていきたい．

　本書は，コンパクトではあるが，マクロ経済学研究の最前線に触れることができる Text である．各章を前半と後半の2つの部分に分割すると，前半は学部教育の入門書，基礎編として，後半は大学院生等にとって必須となる内容が書かれている．経済問題をどのように定式化するか，アイデアや概念をどのようにモデルに反映させるか，最適化のための1階の条件を導出するとどのようになるか……といった経済学の研究の基本を数学の演習書としてではなく，「マクロ経済学」の研究という枠組みの中で学ぶことができるという点が本書の魅力である．我々は，数学を経済学の研究として活用しているのであり，経済学という学問的視座から現実の経済現象を理解し，社会的厚生を高めていく科学として研究しているのである．

　「ミクロ経済学」や「マクロ経済学」といった経済理論を大学で教える単なる標準化（教科書化）されたツールのパッケージに過ぎないと見なすか，それとも複雑な現実の経済を見つめ理解するための視座を提供する学問として積極的に位置付けていくかは，各々が「経済学」という学問をどのように認識しているかによって異なるであろう．しかしながら，1対1の尺度で作られた地図が役に立たないのと同じように，分析の視座を持たずに現実の経済現象をありのままに言葉やグラフだけで説明したり，あるいは歴史的な発展段階の中で位置づけたり，中・長期的な傾向性から意味を探ったりするだけでは，確かに話題として，また知的認識として詳しくなるかもしれないが，それだけでは現実の経済を理解したことにはならない．

　効用最大化，利潤最大化，長期・短期という時間軸，価格と賃金の調整速度，名目と実質，情報の非対称性，リスクに対する態度，選挙の影響，ルールと裁量，予期された期待と驚き（意表），忍耐力「あり」と「なし」に区分する消費者の設定，インサイダーとアウトサイダーという労働者の区分の設

定等々，様々な枠組みや視座から現実の経済を見つめたときに，経済現象がどのように浮き上がって見えてくるか，またどのような新しい現象を分析できるようになるか．複雑，かつ相互依存的に変動する現実の経済現象を理解するための視座を提供してくれるのが，まさに経済理論なのである．ゆえに，経済理論を歴史的観点や統計データから研究する学問と合わせて，もっと深く，もっと幅広く，そして高いレベルまで学んでいく必要がある．

とかく読みにくい理論経済学の書を読者の方々に少しでも読みやすいと思っていただけるよう，訳文については何度も繰り返し推敲を重ね，砕いて表現するように心がけた．英語と日本語とでは，構造や発想，論の展開の仕方が異なる上，英語特有の表現があったり，辞典では追いかけることが難しい造語（新語）があったり，さらには著者独特の単語の使い方や言い回しがあったりする．文学作品ほどではないにしても，そうした難関と1つ1つ格闘しながら訳出していくという作業は，なかなか骨の折れる仕事であった．「翻訳は労多くして益少なし」と言われる所以の半分がここにある．成文堂の飯村晃弘氏が，「翻訳は苦労と忍耐が強いられて大変ですが，信用は残ります．翻訳を手がけたことのある方は，皆さんよく分かります」と言われ，我々を励まして下さった．氏の温かいサポートがなければ，本書は陽の目を見ることができなかったかも知れない．

本書の翻訳プロジェクト（研究会）を，2015年5月30日と31日の両日，本学（国士舘大学）で開催された日本経済政策学会（第72回全国大会）の運営委員会のメンバーを中心に声をかけて立ち上げた．研究会は，担当する章を各自選定し，下訳の作成とともに，章の内容を報告，その後質疑応答を行うという形で進めた．このプロジェクトでは，単に訳出すればいいという考え方ではなく，研究会という形で全員が集まり，全章にわたって深く研究し，「マクロ経済学」という学問的な視座（第一線）を研究者として構築する機会にしていこうとの思いで進めることにした．メンバーの専門分野はそれぞれ異なることから，同じ章を読んでも様々な考え方や知見が飛び交い，私自身，教えられることも多く，大変勉強になった．本プロジェクトに参加してくれたメンバーに発起人として心から感謝を申し上げたい．

メンバーから下訳の最終稿を提出してもらった後，研究会幹事（石山）と私

の2人で全章にわたり，ほぼ全面的に修正，訳語の統一，数式のチェック等を行った．その過程で，図や数式等を含め，原著にあった様々なミスも気づく限り訂正した．ただ，訳者の力量不足のため，誤訳の部分や，訳語の不適当な部分も多々あるのではないかと恐れている．読者のご寛恕とご叱正を切にお願いする次第である．

　また，本書を読んで下さる方々が経済学の原著や学術論文を読んでいく助けとなるよう，経済学と数学のカギとなる専門用語については英語表記も併記しておいた．読者の今後のさらなる研究の参考にしていただけたら幸いである．

　本プロジェクトは先にも触れたとおり，日本経済政策学会（第72回全国大会）をきっかけに発足した．大会開催に当たっては，講演者や報告者を含め，本当にたくさんの学会関係者のお力添え，ご支援を賜った．また，本大会は学内的には本学（国士舘）創立100周年記念事業のプレ・イベントと位置付けて開催させていただいた．大会運営委員会委員長として，この場を借りて，お世話になったすべての方々に対し，改めて御礼を申し上げたい．本翻訳の出版に際しては，成文堂の飯村晃弘氏をはじめ，関係者の方々に大変お世話になった．心から深く感謝の意を表したい．

　今後も，学内外の研究者との輪を広げながら，「マクロ経済学」を中心とするプロジェクト（研究会）を立ち上げ，定期的に何らかの形で社会に還元していきたいと考えている．こうした試みが「マクロ経済学」の中・上級書の量的増加（充実）へと繋がり，また大学教育においても学生たちの学問的水準の向上に多少なりとも貢献していくことになればとても嬉しい．本書をきっかけに，経済理論を深くじっくりと学び，経済現象や経済問題を自分の眼で見つめ，考え，発信かつ行動していけるような，そうした人たちが社会において一人でも多く増えてくれることを念願してやまない．

2017年　国士舘創立100周年の記念の年に
翻訳プロジェクト（研究会）　発起人

永　冨　隆　司

事項索引

あ行

R＆D部門 ······························ 44
RBCモデル ··························· 78
IS-MP曲線 ························· 154
IS曲線 ························· 150, 212
アイデア ······················ 38, 45, 49
アウトサイダー ·················· 139
赤字バイアス ······················· 174
異時点間の外部性 ··············· 193
異時点間予算制約式 ····· 64, 68, 112, 170, 209
1次同次 ······························· 27
1階の条件 ······ 16, 51, 52, 65, 69, 80, 89, 101, 120, 133, 140, 172, 175, 183, 189, 209
一般物価水準 ······················· 185
委任 ···································· 193
陰関数の微分 ······················· 224
インサイダー ······················· 139
インサイダー・アウトサイダー・モデル
 ··· 140
インフレ・バイアス ········ 187, 190
インフレーション ················ 183
インフレ税 ·························· 202
インフレ税 Laffer 曲線 ········ 203
インフレ政策 ······················· 193
インフレ非加速失業率 ········ 158
インフレ抑制 ······················· 188
後ろ向き推論法 ···················· 189
AKモデル ···························· 42
XS曲線 ······························· 163
MP曲線 ················· 152, 153, 212
LS曲線 ······························· 163
LM曲線 ······························· 212
LD曲線 ······························· 163

か行

Eular方程式 ·········· 65, 101, 107, 172, 210
黄金律 ·································· 34
オーバーシューティング ······ 216

海外金融資産 ······················· 206
外生的な変数 ························ 26
確実性等価 ···················· 108, 110
拡張的金融政策 ···················· 214
拡張的財政政策 ···················· 214
確率的ショック ····················· 78
確率的生産ショック ······ 192, 195
家計の最適化行動 ·················· 62
貸付資金 ······························ 162
貸付資金供給 ······················· 163
貸付資金需要 ······················· 163
過剰債務 ······························ 179
過剰債務問題 ······················· 179
過剰支出 ······························ 174
課税基盤 ······························ 202
課税の平準化 ······················· 172
カバー無し金利平価 ············ 216
貨幣市場 ······························ 152
貨幣需要 ······························ 152
貨幣数量説 ·························· 185
貨幣の流通速度 ···················· 185
貨幣を保有する機会費用 ······ 152
可変費用 ······························ 125
関数の商 ······························ 222
関数の積 ······························ 222
関数の和 ······························ 211
慣性 ···································· 160
完全資本移動 ······················· 214
企業価値 ······························ 123

技術革新	60	Keynes 型投資関数	118
技術進歩	36	Keynes の交差図	149
技術進歩率	36	欠員率	142
技術知識	79	減価	206
技術フロンティア	61	限界効用	63
基礎的財政収支	169	限界収入	26
期待インフレ率	152	限界消費性向	98, 148
期待効用	86, 106	現金通貨	152
基底	159	現在価値	64
規模に関して収穫一定	26	コア	159
規模の効果	47	工業化の時代	25
基本資産方程式	135	恒常所得	98
教育の最適水準	24	恒常所得仮説	98
供給ショック	159	更新投資	29, 119
競合関係	45	合成関数	223
共通通貨	218	厚生損失	171
均衡インフレ率	199, 195	構造調整プログラム	177
均衡貸付資金量	165	拘束力のあるインフレ公約	188
均衡効率賃金	133	恒等関数	220
均衡消費水準	90	効用関数	15, 63, 99, 114, 127, 174, 208
均衡人口密度	18	効用最大化問題	15
均衡生産量	150	効率賃金モデル	134
銀行取付け	85	効率賃金理論	132
銀行取付け均衡	92	効率労働	37, 38, 132
均斉成長経路	46	合理的期待	106, 189
均斉成長率	30, 41	国債	169
近代的成長	18	国際収支	205
金融危機	161	国際収支曲線	213
金融資産	206	国際通貨基金	180
金融自由化	95	国際的な借入制約	95
金融政策変数	152	国内総生産	2
金融政策ルール	185, 200, 212	国内民間総投資	3
金融仲介機関	161, 163	国民所得勘定	2
クラウド・アウト	210	国民貯蓄	205
景気循環	77	国家の能力	179
経済成長格差	25	固定為替相場	214
経常収支バランス	204	固定費用	125
Keynesian モデル	148	子供の質	21
Keynes 型消費関数	97, 105, 148	子供の量	21

Cobb-Douglas 型効用関数·········· 9, 15, 31, 35, 78, 122
雇用喪失曲線·············· 144

さ 行

サーチ・マッチング・モデル·········· 141
財産権·············· 49
財市場·············· 150
最終財部門·············· 44
歳出·············· 168
最小化問題·············· 188
財政赤字·············· 169
財政政策·············· 168
財政能力·············· 179
最大化問題·············· 100, 119, 133, 140
最低生活水準·············· 12
最適応答関数·············· 189
最適化条件·············· 133
最適化問題·············· 175
最適状態·············· 102
最適消費水準·············· 90
最適貯蓄·············· 103
最適な債務契約·············· 180
最適配分·············· 48
最適反応関数·············· 195
歳入·············· 168
債務危機·············· 177
債務不履行·············· 179
裁量的金融政策·············· 188, 190, 200
産業革命·············· 18
参照点·············· 114
三面等価·············· 2
CRRA 効用関数·············· 67, 86
死荷重·············· 171
時間制約·············· 21
時間非整合性·············· 116, 193, 200
時間分離可能·············· 63
時間割引因子·············· 55, 63
資金不足の尺度·············· 93

自己回帰過程·············· 80
支出関数·············· 151
支出面から見た GDP·············· 2
市場価値·············· 56
市場の失敗·············· 78
指数関数·············· 220
自然産出率·············· 159
自然失業率·············· 158
持続可能な財政政策·············· 169
失業·············· 131
失業手当·············· 135
失業プログラム·············· 144
実質貨幣供給·············· 185
実質貨幣需要·············· 185
実質為替レート·············· 207
実質残高·············· 152
実質使用者費用·············· 121
実質所得水準·············· 152
実質利子率·············· 152
実物的ショック·············· 78
シニョレッジ·············· 201
慈悲深い社会計画者·············· 172
資本減耗率·············· 35
資本収支·············· 205
資本の限界生産物·············· 122
資本の最適水準·············· 122
資本の生産弾力性·············· 122
資本の動学方程式·············· 43
資本流出·············· 205
資本流入·············· 21, 205
社会的最適生産水準·············· 190
社会的損失関数·············· 187
Shapiro-Stiglitz モデル·············· 134
収穫逓減の法則·············· 8
習慣形成·············· 114
収縮のスパイラル·············· 165
収束·············· 35
住宅投資·············· 126
住宅の均衡価格·············· 127

集約型	37
集約型の生産関数	27
需要関数	51
需要の価格弾力性	52
瞬時的効用関数	99, 107, 134, 174
純投資	29, 119
純輸出	204
生涯効用	82
生涯所得	64
生涯予算制約	99
使用者サイド	2
乗数	149
乗数効果	149
消費の平準化	102
勝利確率	196
初期資本	208
植民地支配	21
所得面から見たGDP	3
人口構造	11
人口成長率	35
伸縮的	131
新石器時代革命	20
人的資本	38
信用スプレッド	163
スカラー積	222
ストック変数	2
生産関数	44, 50
生産弾力性	9
清算の最大水準	93
生産面からみたGDP	4
生産要素	26, 44
政治的景気循環	198
正常失業率	158
正の技術ショック	79
政府債務	168
政府支出	3
政府の失敗	173
制約条件付き最大化問題	68
世代重複モデル	62
絶対的消費水準	114
選挙	195
増価	206
総供給	156
総供給関数	156
総需要	148
総需要曲線	154
総消費関数	97
総生産関数	9, 26, 36, 38, 71
相対賃金	84
相対的限界効用	65
相対的消費水準	65, 69, 114
相対的な労働供給	84
相対的リスク回避度一定	67
総投資	29
租税比率	172
粗投資	119
ソブリン・デフォルト	180
Solow成長モデル	26
損益分岐の水準	30
損失回避的	115
損失関数	192, 194, 195

た 行

怠業	134
対称的なショック	218
対数型の効用関数	66, 175
対数関数	221
代替効果	66
短期Phillips曲線	158
チェーン・ルール	223
逐次的な完全情報ゲーム	189
知識創造部門	20
知識の生産弾力性	45
知的財産権	57
中央銀行	152
中央銀行の行動ルール	152
中央銀行の反応関数	192
中間資本財	50

超過供給……………………………… 128
長期総供給……………………………… 158
長期の生産関数………………………… 43
調整費用………………………………… 123
貯蓄の最適水準………………………… 66
貯蓄率…………………………………… 34
賃金の伸縮性…………………………… 218
通貨当局………………………………… 186
通貨統合………………………………… 218
通貨発行益……………………………… 201
定常均衡………………………………… 138
定常状態………………………………… 33
定常状態均衡……………………… 30, 37, 45
定数関数………………………………… 220
Taylor ルール……………………… 152, 200
適応的期待……………………………… 106
導関数…………………………………… 219
統合された労働市場…………………… 218
投資の不可逆性………………………… 124
到着率…………………………………… 142
党派的景気循環理論…………………… 194
Tobin の限界 q………………………… 123
得失関数………………………………… 114
独占的競争……………………………… 166
独立支出………………………………… 149
特許………………………………… 50, 54
富………………………………………… 20
努力の限界費用………………………… 183

な 行

内生的技術変化………………………… 44
内生的出生率…………………………… 15
内生的成長……………………………… 74
内生的調整努力………………………… 182
内生的貯蓄……………………………… 70
内生的な変数…………………………… 26
2 階の条件……………………………… 16
2 段階法………………………………… 55
New Keynesian………………………… 166

忍耐力あり……………………………… 86
忍耐力なし……………………………… 86
粘着的…………………………………… 131
農業社会………………………………… 19

は 行

ハイパー・インフレ…………………… 201
ハイパワード・マネー………………… 152
破綻……………………………………… 173
Harrod 中立的…………………………… 36
半内生的成長…………………………… 47
反応関数………………………………… 190
非競合財…………………………… 38, 45, 49
ビジネス・スティーリング…………… 58
非怠業条件………………………… 136, 138
逼迫性…………………………………… 142
微分可能………………………………… 220
微分の法則……………………………… 221
評判……………………………………… 193
ファンダメンタルズ…………………… 198
Fisher 効果……………………………… 186
Phillips 曲線…………………………… 157
フォワードルッキング……………… 106, 159
付加価値………………………………… 4
不完全資本移動………………………… 214
不効用関数……………………………… 187
双子の赤字……………………………… 205
負の技術ショック……………………… 80
部分ゲーム完全 Nash 均衡…………… 191
フロー変数……………………………… 2
閉鎖経済モデル…………………… 148, 204
べき関数………………………………… 220
Beveridge 曲線………………………… 144
便益のフロー…………………………… 135
貿易総額………………………………… 204
法的能力………………………………… 179
保守的な中央銀行……………………… 194
Poisson 過程…………………………… 143
Poisson 到着率………………………… 143

ま 行

マークアップ……………………………167
マークアップ・プライシング……………53
Marshall-Lerner 条件 ……………………207
マクロ経済学……………………………1
マクロ経済学の基本方程式………………3
マクロ経済政策…………………………148
マッチング関数…………………………141
マッチング率……………………………142
Malthus 的な世界…………………………8
Malthus 的連関性の喪失…………………18
Malthus の罠………………………11, 13
Malthus モデル…………………………11
Mundell-Fleming モデル………………212
ミクロ経済学……………………………1
民間消費総額………………………………3
名目為替レート…………………………207
名目的な硬直性…………………………160
名目利子率………………………………152
メニュー・コスト………………………166
模倣…………………………………………60

や 行

誘因両立制約……………………………88
誘導型……………………………………159
U-V 曲線…………………………………144
輸出…………………………………………3
輸入…………………………………………3
預金通貨…………………………………152
予算制約式…………………………15, 127
予備的貯蓄………………………………110

ら 行

ライフサイクル仮説……………………104

Lagrange 関数……… 68, 83, 89, 107, 120, 140
Lagrange 乗数…………………… 68, 89, 101
乱獲効果……………………………………45
ランダム・ショック……………………159
ランダムウォーク………………… 108, 173
ランダムウォーク・モデル……………106
ランダム誤差項…………………………159
Ricardo 等価定理…………………………169
離散時間型 Ramsey………………………70
離散的な Ramsey 式……………………113
利潤関数…………………… 48, 81, 124, 132, 156
利潤最大化…………………………48, 138
リスク愛好的……………………………67
リスク回避的……………………………68
リスク中立的……………………………68
リスク分散メカニズム…………………218
流動性危機………………………………180
臨界賃金率………………………………137
類似した景気循環………………………218
Lucas 型供給関数………………… 187, 188
Lucas 批判…………………………………161
Lucas モデル……………………………160
レポ・レート……………………… 152, 199
レポ取引…………………………………199
連続ゲーム………………………………189
労働組合…………………………………139
労働市場…………………………………130
労働需要…………………………………81
労働増大的…………………………………36
労働の限界生産物……………… 10, 81, 138
Romer モデル……………………………50

わ 行

歪曲費用…………………………………172

≪訳者紹介≫（50音順）

石山　健一（いしやま　けんいち）
（担当：訳者まえがき，第3章，第5章，第6章）

　　国士舘大学　政経学部　准教授
　　岡山大学大学院文化科学研究科　博士課程修了．博士（経済学）．
　　国士舘大学政経学部専任講師を経て，2014年より現職．専門は，計量経済学，非線形経済動学．主な業績は，「日本の地域景気循環に対するクロスウェーブレット解析」（「政経論叢」，国士舘大学政経学会，2013年），"Recognition of transition patterns in a business cycle model using unstable periodic orbits"（共著，*International Journal of Bifurcation and Chaos*，2011年），"Unstable periodic orbits embedded in a chaotic economic dynamics model"（共著，*Applied Economics Letters*，2005年）など．

加藤　将貴（かとう　まさき）
（担当：第12章，第14章）

　　国士舘大学　政経学部　准教授
　　立教大学大学院ビジネスデザイン研究科　博士課程前期課程修了．修士（経営管理学）．
　　学校法人岩崎学園「情報科学専門学校」教員を経て，2014年より現職．専門は情報科学，会計．主な業績は，「観光立国と会計基準の国際調和：未消化有給休暇の負債概念—」（共著，「宮崎産業経営大学経営学論集」，宮崎産業経営大学経営学会，2014年），"Super Smart Society and Computerized Accounting：Focus on Accounting Imformation System"（*Business and Accounting Research*，Vol. 5, No. 8，2017年）など．

黒岩　直（くろいわ　なおき）
（担当：第7章，第8章，第10章，第13章）

　　新潟産業大学　経済学部　専任講師
　　早稲田大学大学院経済学研究科　博士後期課程単位取得退学．
　　国士舘大学政経学部非常勤講師等を経て，2020年より現職．専門は，マクロ経済学，およびそのミクロ的基礎付け，貨幣理論．主な業績は，「ケインズ型貨幣需要関数と代替効果」（「政経論叢」，国士舘大学政経学会，2014年），「流動性のわなと相対的危険回避度」（「政経論叢」，国士舘大学政経学会，2014年），*Macro- and Micro Foundations of Economics*，（共著，早稲田大学現代政治経済研究所，2013年）など．

訳者紹介

中岡 俊介（なかおか　しゅんすけ）
（担当：第2章，第4章）

 国士舘大学　政経学部　教授
 London School of Economics　博士課程修了（Ph.D）.
 東京大学社会科学研究所助手等を経て，2013年より現職．専門は，比較経済史・経営史．主な業績は，『近代日本の公と私，官と民』（共著，NTT出版，2014年），"The Making of Modern Riches : The Social Origins of the Economic Elite in the early 20th Century"（*Social Science Japan Journal*, 2006），『実業世界の教育社会史』（共著，昭和堂，2004年）など．

永冨 隆司（ながとみ　たかし）
（担当：序文，第1章，第9章，第11章，第15章，訳者あとがき）

 国士舘大学　政経学部　教授
 早稲田大学大学院経済学研究科　博士後期課程単位取得退学.
 Duisburg-Essen大学（ドイツ）経済学部客員教授等を経て，2012年より現職．専門は，マクロ経済学，非対称情報と不確実性の経済分析．主な業績は，『平成不況』（共著，文眞堂，2010年），『行動経済学の理論と実証』（共著，勁草書房，2010年），*Current Issues in Economic Policy*（共著，早稲田大学現代政治経済研究所，2000年）など．

■原著者紹介

Prof. Dr. Ola Olsson（オルラ・オルソン・ヨーテボリ大学（スウェーデン）教授）

オルラ オルソン
マクロ経済学

2017年4月6日　初　版　第1刷発行
2022年3月20日　初　版　第2刷発行

原著者	オルラ・オルソン
訳　者	石　山　健　一
	加　藤　将　貴
	黒　岩　　　直
	中　岡　俊　介
	永　冨　隆　司
発行者	阿　部　成　一

〒162-0041　東京都新宿区早稲田鶴巻町514番地
発行所　　株式会社　成文堂
電話 03(3203)9201(代) Fax 03(3203)9206
http://www.seibundoh.co.jp

製版・印刷　三報社印刷　　　　　検印省略
☆乱丁・落丁本はおとりかえいたします☆
ⓒ2017 石山・加藤・黒岩・中岡・永冨　　Printed in Japan
ISBN 978-4-7923-4263-0 C3033

定価（本体2400円＋税）